Ute Kaltwasser
Heiliges Köln Sündiges Köln

Ute Kaltwasser

Heiliges Köln
Sündiges Köln

Glanzvolles Mittelalter

Greven Verlag Köln

Vorsatz: Das Martyrium der heiligen Ursula
vor der Stadt Köln, Meister der kleinen
Passion, Anfang 15.Jhdt., Wallraf-Richartz-Museum

CIP-Kurztitelaufnahme der Deutschen Bibliothek

Kaltwasser, Ute:
Heiliges Köln – sündiges Köln : glanzvolles
Mittelalter / Ute Kaltwasser. – Köln : Greven,
1985.
   ISBN 3-7743-0218-9

© Greven Verlag Köln GmbH 1985
Zeichnungen: Otto Schwalge
Graph. Gestaltung: Hermann Bischoff
Druck: Greven & Bechtold GmbH, Köln
Buchbinder: Berenbrock, Wuppertal
Alle Rechte vorbehalten

Inhalt

Vorwort

»Nichts ist älter als die Zeitung von gestern.« So wird gern und oft der Wert von Nachrichten des vergangenen Tages eingeschätzt. Das trifft für Ute Kaltwassers Artikelserie vom heiligen und sündigen Köln des Mittelalters im »Kölner Stadt-Anzeiger« nicht zu. Oft sind sie und ihre Zeitung danach gefragt worden, wann die Serie endlich gesammelt als Buch erscheinen würde. Jetzt ist es soweit. Überarbeitet und um weitere Themen ergänzt, illustriert mit Fotos von Kölner Objekten aus den Jahrhunderten des Mittelalters und belebt mit den Zeichnungen Otto Schwalges, ist ein unterhaltsamer Spiegel des Mittelalters entstanden.

»Nichts ist älter als die Zeitung von gestern.« Sie gehört nicht mehr der Gegenwart an, kann vergessen werden. Aber dieses Verdammungsurteil gilt nur für kurze Zeit. Ist ein Jahrzehnt oder gar noch mehr vergangen, wird schon wieder mit Interesse in alten Zeitungen geblättert. Neugier wird wach. Wie war es damals? Nicht die großen Nachrichten interessieren. Die Schlagzeilen kennt man aus den Geschichtsbüchern. Die kleinen Notizen, mit denen der Umbruchredakteur die Lücken füllte, erschließen die Gestalt des Alltäglichen. Die Kleinanzeigen geben Botschaft von Menschen wie du und ich, nicht von der großen Politik. Man amüsiert sich über Bruchbänder oder Stellenausschreibungen, über Heiratsanzeigen oder Verkaufsangebote. Der Neugierige entdeckt die Vergangenheit des Alltäglichen, die Struktur des Daseins. Manches ist geblieben, anderes hat sich geändert.

Dem ist Ute Kaltwasser für das Mittelalter mit der Neugier und dem Spürsinn der Journalistin nachgegangen. Es hat ihr offensichtlich Vergnügen bereitet, und Otto Schwalge hat es gekonnt in Szene gesetzt. Auf diese Weise wird Geschichte Unterhaltung, und man gewinnt sein Wissen um die Lebensverhältnisse des Mittelalters in Köln mühelos, mit einem Lächeln. Das gelingt dem Wissenschaftler selten. Deshalb haben Prof. Dr. Heiko Steuer, der jetzt an der Universität Freiburg den Lehrstuhl für Ur- und Frühgeschichte innehat, und ich Ute Kaltwasser immer wieder mit Freude bei ihren Recherchen unterstützt.

Dr. Werner Schäfke
Direktor des Kölnischen Stadtmuseums

◁
Selbst beim Händewaschen wurde der mittelalterliche Mensch an seine Sünden erinnert. In der gravierten Bronzeschüssel (Köln um 1200, Kölnisches Stadtmuseum) sind in der Mitte der Hochmut (Superbia) und ringsum mahnend weitere Untugenden dargestellt.

Heiliges Köln,
sündiges Köln

Die Kölner haben Grund, stolz auf ihre Vergangenheit zu sein. Bisher konzentrierte sich dieser Stolz vor allem auf die Römerzeit. Doch mehr und mehr entdecken die Kölner ihre Liebe zu der Zeit zwischen dem 6. und 16. Jahrhundert, dem Mittelalter, der glanzvollsten Epoche der Stadtgeschichte. Fast alles, was heute dem Stadtbild den Glanz der Vergangenheit gibt, wurde ja in nur wenigen Jahrzehnten um 1200 gebaut. Wie sah Köln im Mittelalter aus? Wie reich waren die Reichen, wie arm die Armen? Wer hatte zu bestimmen, wer wurde umjubelt, wer geköpft? Geschildert wird in diesem Buch vor allem die Zeit der Hochblüte, das bunte, fromme und leidenschaftliche Leben der Kölner vom 12.

bis 15. Jahrhundert, mit ihrem Hang zur Gewinnsucht und ihrem Mut zu Veränderungen. Nie mehr hat Köln eine solche Weltgeltung erlangt wie im Mittelalter, als die Stadt 40 000 Einwohner zählte, internationale Handelsbeziehungen bis zum Orient pflegte und wegen ihres Reichtums an Reliquien das »Heilige Köln« genannt wurde. Dagegen sieht die römische Vergangenheit tatsächlich bescheiden aus; Colonia war schließlich nur eine Provinzhauptstadt.

Die Kölner des Mittelalters waren außerordentlich selbstbewußt. Sie gaben sich als freie Bürger und scheuten sich nicht, auch einen Kaiser oder Erzbischof aus der Stadt zu vertreiben. Nach der Schlacht bei Worringen (1288) zum Beispiel durfte der Erzbischof die Stadt nur mit Erlaubnis des Kölner Rates betreten.

Selbst der Streik war schon als Kampfmittel der Arbeitnehmer bekannt. Aus Urkunden ist zu entnehmen, daß es nicht selten zu heftigen Auseinandersetzungen zwischen Gesellen und Meistern kam.

Stadtpanorama aus: Anna Selbdritt und die Heiligen Christophorus, Gereon und Petrus des Meisters der Verherrlichung Mariae, Köln um 1490, Wallraf-Richartz-Museum

Man darf ruhig sagen, daß Köln im Mittelalter eine der Geburtsstätten für das nach Unabhängigkeit und Einfluß strebende deutsche Bürgertum war. Ganz zu Unrecht hielt sich lange Zeit die Ansicht, das Mittelalter (Beginn um 500 n. Chr., Ende um 1500) wäre nur dunkel, bedrückend, grausam und weltabgewandt gewesen und die Menschen hätten ausschließlich unter Kriegswirren, Hexenverfolgungen (die erst im 15. Jahrhundert einsetzten) oder Hungersnöten und Krankheiten gelitten. Das Mittelalter hatte seine hellen Seiten.

In den Straßen brodelte das Leben. Die Kleidung leuchtete in bunten Farben. Nachts schliefen viele Kölner zwar nackt im Bett auf dem Strohsack, aber wer nicht ganz arm war, lag in fein gewebtem Leinen unter Decken oder einem kostbaren Federbett.

Am Tag lag Lärm über der Stadt

Den ganzen Tag über lag Lärm über der Stadt, Glockengeläut, Pferdegetrappel und Arbeitsgeräusche von Schmieden und Werften, in denen Rheinschiffe gebaut wurden. Tausende von Touristen strömten durch die Gassen, vor allem Pilger.

Seit 1164 übten die nach Köln gebrachten Gebeine der Heiligen Drei Könige einen unwiderstehlichen Reiz auf fromme Menschen aus. Wer den Duft der fernen Welt schnuppern wollte, ging zum Rheinufer, wo alle Schiffe, die Köln passierten, ihre Waren umladen und verzollen mußten.

Es gelang den Kölnern zwar, sich aus allen entscheidenden Kriegen in Europa herauszuhalten, daheim aber lieferten sie sich blutige Kämpfe. Bei der sogenannten Weberschlacht im Jahre

1371 schlugen sich Kölner Ritter und Handwerker zwischen Waidmarkt und Griechenmarkt die Köpfe blutig.

30 Meister fielen. Nur im Kampf gegen einen dritten, den Erzbischof, pflegten Handwerker und Patrizier miteinander statt gegeneinander zu kämpfen. Im Mittelalter wurde hart gearbeitet, viel gebetet, aber auch viel gezecht und geliebt. Fäuste und Messer (letzteres trug so gut wie jeder als Eßgerät am Gürtel) saßen locker. Manche Kölner führten einen lockeren Lebenswandel – obwohl Untaten hart bestraft wurden. Reichtum wurde selbstgefällig zur Schau gestellt. Kölner Handelsleute hatten Kaiser und Erzbischof zu Schuldnern. Reich zu sein war keineswegs anrüchig, schon gar nicht, wenn man von seinem Vermögen Almosen an die Armen weitergab.

Ein Heer von Bedürftigen bot genügend Gelegenheit zur Mildtätigkeit. Manche übten sie wohl wirklich aus uneigennütziger Barmherzigkeit aus. Andere aber sahen sie als Vorsorge für ihr Seelenheil unter rein irdischen Regeln; für sie war der Platz im Himmel eine Frage des Preises.

Der Bau-Boom

Das tägliche Leben bot den Kölnern Gelegenheit, ihren Gefühlen freien Lauf zu lassen. Hinrichtungen auf dem Neumarkt (vor allem, wenn sich das Schwert des Henkers gegen reiche und mächtige Bürger richtete) wurden als öffentliche Schauspiele regelrecht genossen; genauso wie Prozessionen oder Turnierspiele.

Unter der Führung von etwa 40 teils rechtschaffenen, teils korrupten, immer aber ungeheuer reichen Familien verwirklichte die Stadt ein enormes Bauprogramm, vergleichbar mit dem Wiederaufbau-Boom nach dem Zweiten Weltkrieg.

Neben dem Kranz der monumentalen romanischen Kirchen entstand die gewaltige zweite Stadtmauer, doppelt so lang wie die römische; es entstanden in kurzer Zeit mehr als hundert Bürgerhäuser aus Stein, von denen nur noch das Overstolzenhaus (nach dem Zweiten Weltkrieg lange als Kunstgewerbemuseum genutzt) geblieben ist, und der Bau des gotischen Doms wurde 1248 begonnen.

Wie fing es an?

Was passierte eigentlich zu Beginn des Mittelalters um 500 nach der Vertreibung der Römer durch die Franken? Gab es für Köln so etwas wie eine Stunde Null, einen Neuanfang? Archäologen vertreten nach neueren Deutungen der Ausgrabungen die Meinung, daß es keinen harmonischen Übergang gab.

Obwohl Köln offenbar ohne große Zerstörungen in die Hände der Franken fiel, glich es bald einer Ruinenstadt. Die wichtigsten Familien und der größte Teil der Bevölkerung waren aus der Stadt geflohen; Häuser, Lagerhallen, Tempel, Praetorium und Verwaltungsbauten standen leer und verfielen. Ihre Reste wurden als Baumaterial für Neubauten vor den Toren der Stadt benutzt.

Auch das von den Römern vorbildlich angelegte Abwasserkanalsystem verrottete mit der Zeit. Da die Franken zur Selbstversorgung zurückkehrten, blieb dem Handel nur noch das Geschäft mit Luxusgütern wie Seide, Wein, Gewürzen. Versorgungsschwierigkeiten traten auf.

Die neuen Herren Kölns, die Franken, waren mehr dem ländlichen denn dem städtischen Leben verhaftet. Deshalb konnten sie sich auch mit der von den Römern bis zur Perfektion entwikkelten Verwaltung nicht recht anfreunden. Vielleicht war es dem Häuflein der tapfer ausharrenden Coloniser auch ganz recht, endlich den römischen Beamtenapparat los zu sein.

Irgendwann zwischen dem fünften und sechsten Jahrhundert erlosch das Stadtleben in Köln so gut wie völlig. Innerhalb der Stadtmauer wurde Landwirtschaft betrieben, Kohl und Getreide angebaut, blökende Schafe und grunzende Schweine liefen durch die Gassen. Das einst erschlossene und besiedelte Umland verwilderte und verschwand unter Wald.

Erst nachdem Karl der Große im achten Jahrhundert Sachsen erobert hatte und sein Freund Hildebold Erzbischof und Stadtherr von Köln wurde, entwickelte sich die Stadt zum Zentrum einer neuen Erzdiözese.

Mit ehrgeizigen Bauplänen kurbelte Hildebold die Wirtschaft an. Köln wurde wieder ein Anziehungspunkt für Händler, Handwerker und Künstler.

Aber es dauerte noch rund 300 Jahre, bis sich die neue Blütezeit zwischen 1180 und 1288 entwickelte.

Manche führen einen lockeren Lebenswandel

11

Weihnachten den Kaiser verjagt

Die Botschaft ist seit fast 2000 Jahren gleich geblieben, doch die Art, das Fest zu feiern, hat sich geändert. Was für uns unvorstellbar ist, Weihnachten ohne Gabentisch, war im Mittelalter die Regel. Da bekam nur einer etwas geschenkt, der Erzbischof, und der sorgte dafür, daß die Präsente nicht zu klein ausfielen. Sie hatten schon ihre Probleme mit der Obrigkeit, die Kölner des Mittelalters. Doch sie waren mutig und selbstbewußt genug, sie zu lösen – zum Beispiel, indem sie an einem Weihnachtsfest den ungeliebten Kaiser aus der Stadt jagten.

Weihnachten im Jahre 1133 kurz vor Mitternacht. Die Stadt liegt zwar im Dunkeln, aber von stiller Nacht kann keine Rede sein. Überall läuten Glocken. In den 18 Pfarrkirchen und elf großen Stiften und Klöstern finden Christmetten statt. Jung und alt eilen mit Laternen in den Händen durch die schmalen Gassen der Innenstadt. Erwachsene und Kinder sind gleichermaßen aufgeregt und neugierig. Sie wollen die Messe in dem vornehmen Damenstift Maria im Kapitol erleben, weil dort zu Weihnachten immer etwas los ist. Der Erzbischof pflegt in dieser Kirche, die als eine Kopie der Geburtskirche von Bethlehem gilt, das Weihnachtsfest mit einem feierlichen Hochamt zu eröffnen. Diesmal wird als ranghöchster Zuschauer auch noch Kaiser Lothar III. mit Rittern und Gefolge erwartet. Welch ein buntes, prächtiges Schauspiel: die Kirche ist reich geschmückt mit Kerzen und Wandteppichen. Die Wände selbst leuchten auch in bunten Farben, sie sehen nicht weiß und nüchtern aus wie heute.

In üppigen liturgischen Gewändern, die Mitra auf dem Kopf und den Bischofsstab in der Hand, zieht Erzbischof Bruno II. mit vielen Geistlichen in die Kirche ein. Ein Raunen geht durch die Reihen, als auch Kaiser Lothar III. mit seinem Gefolge Einzug hält – Sympathie schwingt da nicht mit, das Volk mag den Kaiser nicht.

Die Edelsteine auf seinen Gewändern glitzern im Kerzenschein, die Waffen der Ritter klirren. Ein süßer Duft von Weihrauch liegt in der Luft. Diener bahnen den hohen Herren einen Weg durch die Menge. Oben, von der Empore, erklingen bisher nie gehörte Töne. Zum ersten Mal tragen die Stiftsdamen mehrstimmige, nicht nur einstimmige Choräle vor. Tränen der Ergriffenheit werden vergossen, keiner schämt sich ihrer; der Mensch des Mittelalters läßt seinen Gefühlen freien Lauf.

Die Eitelkeit ist groß

Neugierig drängen die Gläubigen in das Mittelschiff, Stühle und Bänke gibt es in den Kirchen noch nicht. Das Volk steht oder kniet auf dem blanken Boden, die Reichen vorne, die Ärmeren hinten. Der Unterschied ist nicht zu übersehen. Bestimmte Kleiderverbote für Handwerker oder Bauern sollen dafür sorgen, daß sich die Wohlhabenden von der Masse unterscheiden. Um 1350 erläßt der Rat allerdings auch eine Kleiderordnung für die Reichen, um den provokativen Luxus der Oberschicht einzudämmen. Trotzdem werden die Vorschriften von denen, die es finanzieren können, immer wieder durchbrochen. Die Eitelkeit ist eben größer als die Angst vor Strafen.

Wer reich ist, zeigt es. Vor allem die Patrizierfrauen kennen da keine Zurückhaltung. In kostbaren Gewändern und Pelzen, behängt mit herrlichem Schmuck (die Kölner Goldschmiede sind bekannt für ihr Können), rauschen sie am Arm ihrer Männer in die Kirche. Die Kunst des Schminkens, das Rougeauflegen und Kräuseln der Haare mit einem speziellen Eisen, solche Verschönerungstechniken sind den Frauen selbst bis in den Bauernstand hinein geläufig. Nicht minder herausgeputzt sehen die Patrizier aus. Bescheidene Zurückhaltung war vielen weitgehend fremd. Wie konnte jemand Ansehen haben, dem man es nicht ansah.

Intensive Gefühle

Was den mittelalterlichen von dem heutigen Menschen unterscheidet, das ist vor allem die Intensität, mit der jener das Dasein erlebte. Ehre und Reichtum wurden inbrünstiger und gieriger genossen als heute, aber auch Armut und Krankheit als besonders drückend empfunden. Großherzigkeit und Grausamkeit, Mitleid und Schadenfreude lagen eng beieinander.

Der Historiker Johan Huizinga beschreibt in seinem Buch »Herbst des Mittelalters« die Lebensstimmung so: »Ein pelzverbrämtes Staatskleid, ein helles Herdfeuer, Trunk und Scherz und ein weiches Bett hatten noch hohen Genußgehalt.«

Und so genossen die Gläubigen auch die Prunkentfaltung und die Feierlichkeit jener Christmette der Kirche Maria im Kapitol. Sie gehörte

Reichtum wird genossen

Was damals geschah:

Um 450 n. Chr.: Die Franken übernehmen die Herrschaft in Köln.

Etwa 626–650: Kunibert ist der erste Kölner Bischof, über den Genaues bekannt ist. Er ist Berater des Merowingerkönigs Dagobert I. und Gründer des Stifts St. Kunibert.

629–638: Dagobert I. beherrscht ein Reich, das sich vom Rhein bis nach Südfrankreich erstreckt. Köln ist nur Grenzstadt.

800: Karl der Große, der bedeutendste Herrscher des Mittelalters, wird vom Papst zum Kaiser gekrönt. Er gibt der Dynastie der Karolinger den Namen. Einer seiner engsten Ratgeber ist Bischof Hildebold von Köln. Er führt als erster den Titel Erzbischof. Köln wird zum Verkehrsmittelpunkt, Bildungs-, Handels- und Verwaltungszentrum. Wegen ihres Reichtums an Märtyrern und Heiligen bekommt die Stadt den Namen »Heiliges Köln«.

881: Die Wikinger, aus Skandinavien kommend, plündern Köln, aber dies vermag das Wachstum der Stadt nicht zu bremsen.

Entwicklungen:

Um 800 werden Halfter und Steigbügel eingeführt. Die erste Bronzeglocke wird gegossen. Beginn der Drei-Felder-Wirtschaft. Nicht mehr einer von zwei, sondern einer von drei Äckern bleibt zur Regenerierung der Erde brach liegen. Bessere Ernteerträge sind die Basis für den wachsenden Wohlstand im Mittelalter.

zu dem angesehenen Damenstift, in dem fast nur adelige Fräulein oder die Töchter sehr reicher Bürger Aufnahme fanden. Der uns heute vertraute Schmuck mit Weihnachtsbäumen und Krippen war damals noch unbekannt. Wohl war in den Familien der von den Germanen überlieferte heidnische Brauch verbreitet, grüne Zweige, Mistel und Eibe, am 25. Dezember in der Erwartung des kommenden Frühlings aufzuhängen. Die Kirche schaffte es nicht, diese heidnische Sitte auszurotten.

Maultier für den Erzbischof

Weihnachten war im Mittelalter noch kein Fest der Geschenke, zumindest nicht innerhalb der Familie. Es war ein Kirchenfest. Geschenke gab es nur für den Erzbischof. Und der sorgte dafür, daß sie reichlich ausfielen. So mußte die Äbtissin von Maria im Kapitol nach der Messe dem Erzbischof ein weißes Maultier übergeben, außerdem ein weißes Gewand, eine Seidenbörse mit mindestens drei Goldmünzen und viele große Bienenwachskerzen, die damals ein kleines Vermögen kosteten.

Danach zog der Kirchenfürst mit seinem Gefolge weiter zur zweiten Weihnachtsmesse in die Kirche des ebenfalls exklusiven Damenstifts von St. Cäcilien (heute Schnütgenmuseum). Auch hier erwarteten ihn reiche Gaben. Die Äbtissin schenkte ihm u. a. einen Schimmel.

Nach dem Kirchgang strömte das Volk auseinander. Aber irgendwie lag Spannung in der Luft. Der Anblick Kaiser Lothars hatte Aggressionen ausgelöst. Vor allem den Kaufleuten und Großunternehmern war dieser Kaiser verhaßt, der rigoros gegen die nach Macht und Unabhängigkeit strebenden Städter vorging. Augsburg und Ulm lagen bereits in Schutt und Asche. »Kölle darf nicht untergehn«, schworen sich die Patrizier, die sich in einer Art Klub der Millionäre,

Schwertträger mit Pferd aus einer Anbetung der Heiligen Drei Könige des Meisters der Georgslegende, Köln um 1485, Wallraf-Richartz-Museum

der Richerzeche, zusammengeschlossen hatten. Mutig widersetzten sich die Bürger Kölns jedem, der ihre Rechte zu beschneiden drohte. Wurde ein Erzbischof zu mächtig, verbündeten sie sich mit dem Kaiser gegen ihn. Drohte ein Kaiser zu viel Macht zu bekommen, zogen sie an der Seite des Erzbischofs gegen ihn zu Felde. – Kaiser Lothar war denn auch schlecht beraten gewesen, das Weihnachtsfest ausgerechnet in Köln und dann auch noch mit nur kleinem Schutzgefolge zu verbringen. Offenbar hatte er den Kontakt zur Basis verloren. Er ahnte nichts von dem, was sich da in der Kölner Volksseele zusammengebraut hatte.

Zum Tumult aufgehetzt

Kein Geschichtsbuch berichtet genau, was nach der friedlichen Weihnachtsmesse anno 1133 im einzelnen passierte. Es roch nach Revolte. Sicherlich geschürt von den Patriziern; sie hetzten Knechte und Mägde zum Tumult auf und schickten zu deren Verstärkung ihre Söhne mit gezückten Schwertern zum Palast des Erzbischofs (heute steht dort das Römisch-Germanische Museum). Der Kaiser hatte sich dort einquartiert.

Drohend rotteten sich die Massen auf dem Domplatz zusammen. »Raus mit dem Kaiser«, brüllte das Volk. Als ihm klar wurde, daß auch der Erzbischof sein Gegner war, ergriff der hohe Herr die Flucht durch eine Hintertür, er bangte um sein Leben.

Die Siegesnachricht verbreitete sich wie ein Lauffeuer. Die Kölner dankten Gott für dieses unverhoffte Weihnachtsgeschenk. Die Revolte war ohne Blutvergießen zu Ende gegangen. Das mußte gefeiert werden. Festbraten und Wein standen ja wegen des Feiertags ohnehin schon bereit.

Reiche fühlten sich durch Spott der Armen geadelt

Schon im Mittelalter kannte man das deftige Wort: »Der Teufel scheißt immer auf den größten Haufen.« Wenn das so ist, dann haben manche Kölner im 13. Jahrhundert besonders gute Beziehungen zum Teufel gehabt, jene etwa 40 sehr vermögenden Kaufmannsfamilien, die den Klub der »Richerzeche« gründeten, die Zeche der Reichen. Natürlich zechten sie nicht nur zusammen, vielmehr bestimmten sie lange die Politik in Köln, regierten mal mit dem Erzbischof und mal gegen ihn. Zum Aufstieg in diese Geldaristokratie bedurfte es des Fleißes, der Risikobereitschaft, aber auch eines nicht zu engen Gewinnes und des kölschen Klüngels, den es damals schon gab, wenn er auch noch nicht so genannt wurde. Prototyp dieser Gruppe war der unmäßige Gerhard Unmaze.

Seit fast 800 Jahren zählen etwa 0,1 Prozent der Bevölkerung zu den ganz Reichen in der Stadt. Früher, bei einer Einwohnerzahl von 40 000, prägten Prunk- und Gewinnsucht von etwa 40 Patriziern das äußere Leben in Köln. Dagegen geben sich die 1200 statistisch ausgewiesenen Millionäre der Millionenstadt Köln heute nach außen hin eher unauffällig.

Das Münzrecht verpfändet

Hätte der jetzige Stadtkämmerer im Mittelalter gelebt, wer weiß, was ihm eingefallen wäre, um die Lücken im städtischen Haushalt zu stopfen. Vielleicht wäre er auf eine ähnliche Idee gekommen wie der Erzbischof Philipp von Heinsberg. Der verpfändete einer Gruppe von Kölner Kaufherren Münz- und Zollrecht, damit er die

Kosten für seine Beteiligung an dem fünften Italienzug (1174 bis 1178) unter Kaiser Barbarossa aufbringen konnte.

Die Patrizier gaben ihm dafür 1000 Mark Silber (unsere Mark hat ihren Namen aus jener Zeit; eine Mark war damals knapp ein halbes Pfund Silber), der reiche Kaufmann Gerhard allein 650 Mark Silber, das entsprach etwa 150 Kilo Silber oder 10 Kilo Gold. Für soviel Geld hätte man 25 Häuser von der Güte des Overstolzenhauses bauen können.

Nicht alle Kölner Kaufherren mögen immer eine saubere Weste gehabt haben, aber Format konnte man ihnen nicht absprechen. Dem Ehrgeiz und Tatendrang dieser »nobiles cives Colo-

Münzschatzfund Dünnwald II, vergraben um 1275, Kölnisches Stadtmuseum

nienses«, der vornehmen Kölner Bürger, verdankte die Stadt in der Zeit zwischen 1180 und 1288 ihre Größe, ihren Reichtum und viele prächtige Bauten: die mächtige Stadtmauer, prunkvolle Bürgerhäuser und Stiftungen für die Kirchen.

Pelz und Schmuck exportiert

Kölner Kaufleute des 13. Jahrhunderts waren auch recht geschickt in der Pflege ihres Rufes. Das geht aus einer um 1200 in Versen geschriebenen Geschichte hervor. Ort der Handlung: ein Haus in der Rheingasse. Hauptdarsteller: der reiche Handelsherr Gerhard Unmaze, der sich in einer selbst in Auftrag gegebenen Familiengeschichte als »guter Gerhard« darstellen läßt.

»Auf, auf! Richtet mir die Sachen, solange noch die Sonne den Tag erhellt.« Gerhard mahnt Knechte und Mägde zur Eile. Im Haus herrscht Aufbruchstimmung. Der Hausherr geht auf große Geschäftsfahrt. Im Rheinhafen liegt ein prächtiges Handelsschiff, vollgestopft mit den besten Exportartikeln: den bekannten Kölner Tuchen, kunstvoll verarbeiteten Pelz- und Ledermänteln, Schmuck von Kölner Goldschmieden sowie Schwertern und sonstigem Metallgerät aus Kölner Schmieden.

Zu Gerhards Mannschaft gehört ein Schreiber, der ihm nicht nur die Bücher führt, sondern auch täglich für ihn zu beten hat. Geld wird auch zur Absicherung des Seelenheils eingesetzt. Man glaubt fest daran, daß selbst sündig erworbener Wohlstand gottgefällig wird, wenn ein Teil davon zur Finanzierung eines Platzes im Himmel dient. Der Mönch Caesarius von Heisterbach hat geschildert, wie Handelsleute damals beichteten:

»Herr, wir können fast nichts kaufen oder verkaufen, ohne lügen, schwören oder falsch schwören zu müssen . . . in unseren Handelsgeschäften können wir das Gebot ›Eure Rede sei ja, ja, nein, nein‹ nicht befolgen.«

Gerhard will drei Jahre wegbleiben, nach Rußland, Norwegen, England und weiter bis in den Orient segeln. In Marokko hofft er Geschäfte mit den Heiden zu machen. In der (hier in modernes Deutsch übertragenen) dichterischen Lebensbeschreibung des Kaufmanns liest sich der Reisebericht so: »So fuhr ich hin gen Reußen,/ wo ich viel Zobels fand,/ gen Liefland und gen Preußen,/ dem bernsteinreichen Strand./ Von dannen zur Levante/ gings an die Mittelsee./ Dahin viel Dinge sandte,/ Damask und Ninive./ Da kauft ich reiche Felle/ und dacht in

Lavabo-Kessel, Messing, frühes 15. Jhdt., Kunstgewerbemuseum

»Stadtluft macht frei« – dies bedeutet, daß jeder, auch ein nach Köln geflohener Leibeigener, der ein Jahr in der Stadt gelebt hat, ein freier Mann wird. Bürger kann nur sein, wer ein Haus und anderes Vermögen besitzt. Die meisten Kölner gelten nicht als Bürger, sondern als Einwohner.

925: Das Rheinland und damit Köln gehören zum Deutschen Reich. Hinter dem alten römischen Hafengelände wächst die Kölner Rheinvorstadt.

953–965: Bruno I. wird Erzbischof von Köln. Er ist ein Bruder des sächsischen Kaisers Otto des Großen. Davon profitiert die Stadt. Handel, Verkehr und Wirtschaft blühen auf. Bruno gründet St. Pantaleon als Benediktinerkloster, in dem auch Kaiserin Theophanu, die Gemahlin seines Neffen, Kaiser Ottos II., begraben wird. Die Kölner sind zu dieser Zeit brave Untertanen des Erzbischofs.

999–1021: Erzbischof Heribert, Kanzler Kaiser Ottos III., gründet in den Ruinen des römischen Kastells Deutz ein Kloster, das seinen Namen trägt.

Entwicklungen:

Um 1000 wird die Malzmühle erfunden, wichtig für die Bierproduktion. Der Beetpflug, der auch schwere Böden bearbeiten kann, setzt sich durch. Im Krieg wird erstmals wieder mit der Armbrust geschossen.

meinem Sinn,/ es würd an jeder Elle/ wohl dreifach mein Gewinn.«

Gerhard war kostbar gekleidet. Mäntel, Pelze und Schmuck galten im Mittelalter als Statussymbole. Der Prunk, mit dem sich die rund 40 Patrizierfamilien umgaben, die in Köln politisch und gesellschaftlich den Ton angaben, war unübersehbar. Und ihr Selbstbewußtsein lag oft jenseits der Grenze zur Überheblichkeit. Spottnamen, die die Ohnmächtigen diesen Mächtigen gaben, machten sie zu Familiennamen: Overstolz (überstolz), Hardevust (harte Faust), Kleingedank (kleiner Dank), Unmaze (unmäßig), Gyr (Gier).

Doch zurück zum Kaufmann Gerhard Unmaze und seiner Familie. Ehefrau Hildegunde sieht der langen Strohwitwenschaft teils erwartungsvoll – sie ist schön, reich und viel jünger als ihr Mann –, teils sorgenvoll entgegen. Von nun an wird sie, unterstützt vom ältesten Sohn Matthias, Chefin im Handelshaus sein. Das ist nicht ungewöhnlich. In alten Urkunden werden selbständige Kauffrauen genannt, die sich nicht scheuten, säumige Schuldner vor Gericht zu zitieren.

Gerhard Unmaze hatte vor seiner Abreise für seine Familie vorgesorgt. Dem Beispiel eines reichen Freundes, Typoldus de novo foro (Diepold vom Neumarkt), folgend, der 1237 seinen drei Kindern 15 Häuser vermachte, hatte auch Gerhard seinen drei Kindern einige Häuser übertragen. Bei der Abreise ermahnte er seinen Erstgeborenen: »Bewirb dich um das freigewordene Amt des Kanonikers von St. Kunibert. Ich habe dem Kapitel bereits unser Interesse mit einer Stiftung kundgetan.«

Kölscher Klüngel

Daß der in Köln schon immer eine Rolle spielte, ist in der Chronik des Ratsherrn Hermann von

Kauffrauen zitieren säumige Schuldner vor Gericht

1065–1075: Anno II. wird Erzbischof von Köln. 1062 entführt er den jungen König Heinrich IV., übernimmt dessen Vormundschaft und damit die Regierung des deutschen Reiches.

1074: Erste erfolgreiche Rebellion der Reichen gegen den Erzbischof. Anno flieht aus der Stadt, kehrt aber siegreich zurück. Die Rädelsführer werden bestraft, viele Reiche müssen Köln verlassen.

1077: Im deutschen Reich herrscht Verwirrung. Papst Gregor VII. hat Kaiser Heinrich IV. gebannt im Streit um das Recht, Bischöfe einzusetzen. Um eine Versöhnung mit dem Papst zu erreichen, tritt der den »Gang nach Canossa« an.

Entwicklungen:

Im 11. Jahrhundert werden speziell für die Landwirtschaft gezüchtete Pferde eingesetzt; sie sind leistungsfähiger als Ochsen. Dreschflegel und Egge kommen auf. Häuser erhalten Kamine.

Den König gerettet?

Nach drei Jahren kehrte Gerhard wohlbehalten nach Köln zurück. Er hat zwar gute Geschäfte gemacht, aber sein Schiff ist leer. In seiner Familiengeschichte heißt es, er habe seine Schätze zur Rettung des Königs von England und anderer im Orient gefangen gehaltener hoher Persönlichkeiten eingesetzt. Ob es stimmt? Oder hat er sein Geld im Ausland gewinnbringend angelegt? Zwar gab es noch nicht die Möglichkeit, Geld auf Schweizer Nummernkonten zu verstecken, doch sicher ist, daß die Kölner Kaufleute damals ihren Vorteil zu wahren wußten.

Weinsberg belegt. Danach beschloß der Rat, dem Sohn des reichen und generösen Arnt von Brauweiler und nicht einem der anderen Bewerber ein Kanonikeramt zu geben, denn, so argumentierten Ratsherren, »wenn solches nicht geschähe, könnte Brauweiler so verstört sein, daß nicht viel Gutes daraus folgen würde«.

Betteln muß gelernt sein

Der Unterschied zwischen Reichen und Armen ist in Köln wohl nie so sichtbar gewesen wie im Mittelalter. Wer zu dem kleinen Kreis der mächtigen 40 Herrenfamilien gehörte, lebte in kaum vorstellbarem Luxus – die damalige Familie Overstolz hätte allein schon mit ihren Schätzen ein Königshaus finanzieren können. Daneben gab es eine breite, nicht schlecht verdienende Mittelschicht von Händlern und Handwerkern. Auf der untersten Stufe der Sozialleiter standen jedoch Tausende von Armen und Berufsbettlern. Zu den Armen gehörten Kranke, Witwen und Waisen, aber auch Tagelöhner, Knechte und Mägde. Gab es im Mittelalter so etwas wie Sozialhilfe? Es gab ein Almosensystem, das von reichen Familien und der Kirche finanziert wurde.

Wer im Mittelalter bettelarm war, war jedoch nicht unbedingt zum Betteln gezwungen. Es gab ein durchaus funktionierendes Hilfssystem. Millionäre und Mittellose waren in eigenartiger Weise aufeinander angewiesen. Die Reichen brauchten die Armen, um mit gutem Gewissen reich sein zu können. Sie hielten sich ihre Hausarmen nicht nur aus Mitleid, sondern auch um des Geschäftes mit Gott willen. Die Almosenempfänger hatten für die Reichen zu beten. Aus dieser religiösen Verstrickung heraus entstand ein privat organisiertes soziales Netz.

Taten und Untaten der einflußreichen Patrizier werden in den Chroniken vergangener Jahrhunderte ausführlich erwähnt. Armut hinterläßt jedoch kaum Spuren in der Geschichtsschreibung. Die Bedürftigen bleiben namenlos. Es sei denn, einer von ihnen ist ein verarmter Reicher.

Ein solcher Mann war der Bürger Heinrich Golstein, von dessen Geschäftspleite Caesarius von Heisterbach berichtet, der als Novizenmeister des Klosters Heisterbach im Siebengebirge um 1220 viele Geschichten über die großen und kleinen Sünden seiner Zeitgenossen schrieb.

Golstein und seine Frau Volswindis führten zwischen 1197 und 1215 ein großes Haus am Buttermarkt – so ist es wenigstens in den Schreinskarten, dem Grundbuch des Pfarrbezirkes von St. Brigiden (ein früherer Anbau der Kirche Groß St. Martin) verzeichnet. Golstein zählte

Leuchter aus einem der besseren Haushalte, Bronze, 15. Jhdt., Kunstgewerbemuseum

zu den noblen Kölner Bürgern. Das Paar liebte den Überfluß und kaufte auf den großen internationalen Märkten kostbare Seiden und Geschmeide, vorzugsweise aus dem Orient, auch kunstvoll bemalte syrische Trinkgläser.

Glasbecher (für die Reichen), 14. Jhdt., Kunstgewerbemuseum

Grundbesitz verkauft

Die Golsteins lebten über ihre Verhältnisse, und das zu einer Zeit, in der sie schlechte Geschäfte machten. Golstein verkaufte seinen Grundbesitz und verlieh Geld gegen hohe Zinsen. Kreditgeschäfte waren aber im Mittelalter mit ganz besonderen Risiken verbunden. Christen war es nämlich verboten, Zinsen zu nehmen.

Und so strafte Gott den Gottlosen. Einflußreiche Schuldner ließen Golstein im Stich. Da er zu den Neureichen gehört hatte, ließen ihn auch die alteingesessenen Geldaristokraten fallen. Selbst sein ehemaliger Diener, den er in guten Zeiten gegen eine kleine Einlage am Gewinn seiner Firma beteiligt hatte, wechselte die Straßenseite, wenn er ihm begegnete.

Für uneheliches Kind gesorgt

Die Fürsorge Golsteins für seinen Diener war nicht ungewöhnlich. Kölner Kaufleute gaben häufig eine Art Gewinnausschüttung an ihre Mitarbeiter oder sie machten sie gegen eine kleine Einlage sogar zu Mitinhabern. Knechte und Mägde erhielten für langjährige Dienste manchmal ansehnliche Vergütungen. Und der Hausherr sorgte auch ganz offiziell für ein uneheliches Kind, wenn sein Verhältnis mit einer Magd Folgen hatte.

Golsteins Flehen »Gott steh mir Armem bei« half wenig. »Er kam zu solcher Armut, daß er im Alter ein öffentlicher Bettler wurde.« Und selbst dort stießen er und seine Frau, die mit ihm auf den Stufen des Domes saß oder in Stiften und Klöstern um ein Klostersüppchen bat, zunächst auf Ablehnung. Es fand sich auch kein gelernter Bettler, der sie in den neuen Beruf einführte. Köln war im Mittelalter mit seinen vielen Kirchen und Klöstern ein besonderer Anziehungspunkt für wandernde Bettler. Darum schirmten sich die hiesigen Berufsbettler gegen Fremde ab. Sie schlossen sich zum Beispiel in Zülpich zu einer Gilde mit dem Versprechen zusammen, bei Krankheit eines Kollegen acht Tage für ihn zu betteln oder ihm zwei bis vier Schillinge, die zum Kauf von Lebensmitteln reichten, zu geben. In einer Untersuchung über das Kölner Bettelwesen schreibt der Historiker Franz Irsigler: »Betteln durfte nur, wer examiniert war, wer das

Vaterunser, das Ave Maria und das Glaubensbekenntnis aufsagen konnte und mindestens einmal im Jahr, an Ostern, zur Beichte ging.« Über das Beachten der Bettelgesetze wachte ein Bettelmeister.

Wo und wovon lebte man als Armer in Köln? Gehörte man zu jenen schuldlos in Armut Geratenen, zu den Tagelöhnern, Kranken, Alten, Witwen und Waisen, konnte man als »Hausarmer« mit der Unterstützung einer wohlhabenden Bürgerfamilie rechnen. Wer nicht mehr in einer eigenen Wohnung lebte, erhielt im Hause des Wohltäters neben der täglichen Kost auch oft einen trockenen Unterschlupf unter der Treppe oder in einer Dachkammer. Außerdem unterhielten Handwerkszünfte und Bruderschaften Kassen, um notleidende Kollegen, Witwen und Waisen unterstützen zu können.

Sogenannte Hausarme hingegen waren mehr auf die Hilfe städtischer und kirchlicher Einrichtungen angewiesen, auf das sogenannte Armenbrett oder die Armentafel in Klöstern und Spitälern. Zur Jahresration eines öffentlichen Armen gehörten unter anderem: 384 Roggenbrote (pro Tag 215 Gramm), 26 Liter Bier (an Festtagen gab es Wein und wurde an den Klosterpforten das Essen in Silberschälchen serviert, was die Armen durchaus als Ehre und nicht als Provokation empfanden), 100 Holzscheite, ein Paar Schuhe, 20–30 Heringe, ein paar Feigen und eine Geldsumme, die dem Lohn eines Arbeiters für sieben Tage entsprach.

Pingsdorfer Krüge (Vorratsgefäße für alle), Irdenware, 10./11. Jhdt., Kunstgewerbemuseum

Was damals geschah:

1096: Erster Kreuzzug in den Orient. Judenverfolgung in Köln und Zerstörung der Synagoge.

1106: Kaiser Heinrich IV. sucht die Unterstützung der Kölner gegen seinen Sohn, Heinrich V., der ihn absetzen will. Deshalb erlaubt er den Bau der Kölner Stadtmauer (zweite Stadterweiterung). Die Hilfe der Stadt nützt jedoch wenig. Heinrich IV. muß abdanken.

1114/19: Die Patrizier gründen eine politische Vereinigung (Eidgenossenschaft), die auch der Stadtherr und Erzbischof anerkennt. Sie ist das erste Organ kommunaler Verwaltung.

Der erwähnte arm gewordene Heinrich Golstein hatte bald zu wenig zum Leben und zu viel zum Sterben. Schließlich wurde er zu allem Unglück auch noch krank, ein Umstand allerdings, der ihn aus völliger Verelendung rettete. Golstein war nämlich leprakrank geworden.

Die Lepra, damals stark verbreiteter Aussatz, war vermutlich schon durch die römischen Legionen nach Germanien eingeschleppt worden. Im Mittelalter gehörten die Aussätzigen, die Gesunde mit einer Klapper vor sich warnen mußten, zum Straßenbild vor der Stadt.

Als öffentlicher Armer hatte Golstein nun Anspruch auf eine kostenlose Unterkunft in einer der vier Kölner Leproserien (das größte Aussätzigenasyl war die Leproserie Melaten). Reiche Leprakranke mußten sich einkaufen. Arme erhielten dagegen kostenlose Unterkunft.

Golstein war also plötzlich bis an sein Lebensende versorgt. Doch was war mit seiner gesunden Frau Volswindis? Abgesehen davon, daß sie bei dem großen Frauenüberschuß im Mittelalter kaum eine Chance gehabt hätte, wieder einen Ehemann zu finden, verbot die Kirche auch bei einer so schweren Krankheit des Partners die Scheidung. Die Leprosenhäuser waren deshalb

dazu übergegangen, manchmal auch den gesunden Ehepartner mit aufzunehmen.

Und tatsächlich, seine Frau darf mit ihm in das Leprosenhaus ziehen; sie wird als Wäscherin angestellt, und sie bekommt gleich frei: Zwischen Weihnachten und Neujahr darf nicht gewaschen werden. Noch heute halten sich manche Hausfrauen an diese Regel.

Entwicklungen:

1373: Die privat betriebenen Garnräder gingen in städtischen Besitz über und wurden jeweils auf zehn Jahre verpachtet. Garnräder waren vielspindelige Zwirnmühlen, die Ende des 15. Jahrhunderts sogar bei Tag und Nacht mit Pferdekraft betrieben wurden (Schichtbetrieb).

Im Seidengewerbe wurde nicht nur die Produktion, sondern auch der Export fast ausschließlich von Frauen betrieben. Die Seidmacherinnen hatten Lehrmädchen aus dem In- und Ausland.

Die Frauen emanzipieren sich. Bürgerinnen werden geschäftsfähig, erbberechtigt und gefragt, wenn es um ihre Heirat geht. Sie haben aber keine politischen Rechte.

1406: Frauen weigern sich, die Schuld ihrer Ehemänner zu bezahlen. Der Rat (nur Männer) entscheidet gegen sie: Eheleute haften für die Schuld des Partners.

Im 14. Jahrhundert hatte Köln als einzige deutsche Stadt spezielle Frauenzünfte: die der Garnmacherinnen, der Goldspinnerinnen, der Seidmacherinnen, der Seidspinnerinnen.

Zwischen Unternehmerinnen und den Garnzwirnern, die in Lohnarbeit das Garn zwirnten, kam es häufig zu Lohnstreitigkeiten. Öfters wurden Meisterinnen vom Rat gerügt, weil sie ihre Mitarbeiter mit Naturalien statt mit Geld entlohnten.

Kölner Geld
in aller Welt

Wer hätte nicht schon mal davon geträumt, selbst Geld zu machen. Die Kölner konnten sich immerhin einige Male in ihrer Geschichte diesen Wunsch erfüllen: zur Römerzeit und für Jahrhunderte seit 1474.

Köln war sogar zu einer der führenden deutschen Münzpräge-Stätten geworden. Kölner Geld war berühmt und wurde wegen seiner Silberqualität auch von ausländischen Handelsleuten als Schatz gehortet. Archäologen fanden bei Ausgrabungen in ganz Europa Kölner Münzen. Selbst in Skandinavien und sogar am Polarkreis wurden über 20 000 Kölner Münzen aus dem Mittelalter gefunden.

Doch war das Vertrauen in die Qualität der Kölner Münzen wirklich immer gerechtfertigt?

Die Bürger dieser Stadt hatten da im späten Mittelalter ihre Zweifel. Immer wieder kam es nämlich zu Streit zwischen den Bürgern und den jeweiligen Herrschern. Denn im frühen Mittelalter hatten nur Könige, Kaiser, später erhielten auch Äbte, Bischöfe, Erzbischöfe, Grafen, Herzöge, schließlich auch Städte das Recht, Geld zu prägen. Die ehrbaren Kölner Handelsleute, darauf bedacht, seriöse Geschäfte zu machen, verlangten nach »sauberem« Geld. Die Münzherren dachten anders. Ein leichter Gewinn lag in der Qualitätsminderung der Münzen. Und so begannen sie, immer weniger Silber und immer mehr Kupfer in die Münzen zu mischen.

1039 gelang es den ehrgeizigen Kölner Erzbischöfen, das Recht zum Geldprägen an sich zu ziehen und endlich selbst den gewinnbringenden Dukatenesel zu besitzen. Nicht von ungefähr vertrauten die Kölner Kaufleute der Qualität des Geldes aus den Prägeanstalten der Kirchenfürsten aber am wenigsten. Denn immer wenn die herrschaftlichen Kassen leer waren, ließen die Erzbischöfe einfach neues Geld schlagen. Ihre Untertanen zwangen sie, das in Sparstrümpfen oder unter der Matratze gehortete bessere Silbergeld gegen das neue minderwertige Geld mit geringerer Kaufkraft einzutauschen. Die Kurfürsten sahen keine Sünde darin, den so entstandenen Gewinn in die eigene Tasche zu stecken. Der Bürger fühlte sich zu recht doppelt geprellt, weil ja auch der Bäcker an der Ecke um den geringeren Münzwert wußte und entsprechend weniger Brot über die Theke reichte.

1250 gab es im Deutschen Reich über 500 Münzstätten. In dem allgemeinen Währungsdurcheinander – jede Region hatte ihr eigenes Geld, auf jedem Markt mußte getauscht werden, einheitliche Währungsregelungen wurden immer wieder angestrebt, aber nicht erreicht – konnte die Kölner Münze mit ihrer hohen Qualität bald eine Vorrangstellung erobern.

Strenge Kontrollen

Das Vertrauen zum Kölner Geld wurde noch größer, als es Albertus Magnus im großen Schied von 1252 gelang, zwischen Bürgern und Erzbischof die Vereinbarung herbeizuführen, strenge Kontrollen beim Prägen festzulegen. Von jeder Ausprägung mußte eine Probe von 160 Pfennigen in versiegelte weiße Lederbeutel gepackt und im Dom und im Rathaus aufbewahrt werden. Unter dem Namen »Stal« gingen diese Kontrollmünzen in die Geschichte ein. Die Kölner Bürger schienen diesem Geldfrieden nicht zu trauen und gingen manchmal wieder zum einfachen Tauschgeschäft über.

Lederbeutel für Probedenare mit dem gotischen Siegel der Stadt Köln und dem Siegel des Domkapitels, nach 1268, Kölnisches Stadtmuseum

Eine Radikalregelung schien 1288 möglich, als der Erzbischof nach der Schlacht bei Worringen samt seiner Geldgeschäfte aus der Stadt verbannt wurde. Der Effekt war jedoch geringer als erhofft. Denn der Kirchenfürst ließ weiter vor den Toren der Stadt, in einer Prägeanstalt in Deutz, nach schlechtem Leipziger Fuß eigene Gulden prägen und in Umlauf bringen.

Kölner Denar »S/COLONIA/A«, Silber, 10. Jhdt., Kölnisches Stadtmuseum

Endlich, 1474, erhielten die Kölner Bürger durch Kaiser Friedrich III. selber das Recht, Geld zu machen. Sie gingen offenbar so verantwortungsvoll mit diesem Privileg um, daß bereits 50 Jahre später die seit Jahrhunderten als Münzgewicht verbreitete Kölner Mark zum Reichsmünzgewicht erhoben wurde.

Gewicht ist vorgeschrieben

Es gehörte viel Fingerfertigkeit dazu, aus einem Klümpchen Silber eine Münze zu schlagen. Der Münzmeister, der gleichzeitig auch Gold-schmied war, benutzte dafür einen Stempel aus Eisen. Einen für die Vorder- und einen für die Rückseite der Münze. Wobei der größere, schwerere Unterstempel in einen Holzblock eingelassen wurde. Auf den Unterstempel legte man erst die vorbereitete Silberscheibe, darüber den Stempel für die Oberseite und dann wurde das Werk mit einem Hammerschlag beendet. Die Münze mußte immer ein bestimmtes Gewicht haben, geringfügige Schwankungen waren allerdings erlaubt. Natürlich versuchte der Münzpräger an der unteren Gewichtsgrenze zu liegen. Denn die Milligramm, die er an Silber einsparte, waren sein zusätzlicher Gewinn.

Der Kölner Pfennig

Es muß in damaliger Zeit nicht leicht gewesen sein, mit Geld umzugehen. Wer viel hatte, hatte schwer daran zu tragen. Es gab ja noch kein Papiergeld. Die Silberpfennige, auch Denare genannt, wurden pfundweise hin- und hergeschoben. Wem passendes Kleingeld fehlte, schnitt eine Münze einfach durch. Im Umlauf waren (bis 1300) der Kölner Pfennig, Groschen, später Gold-Floren, Rheinische Gulden und Silbertaler (16. Jahrhundert bis 1873), die dann durch die Mark zu hundert Pfennig ersetzt wurden. Im Laufe der Jahrhunderte führte man zudem, um bei bedeutenden Geschäften Münzen nicht sackweise transportieren zu müssen, größere Währungseinheiten ein: Gulden, Dukaten, Barrensilber.

Eine spezielle Münze wurde noch für die Kölner Ratsherren gemacht. Nach jeder Teilnahme an einer Ratsversammlung erhielten sie zur Belohnung ein Sitzungsgeld, heute würde man dazu Kantinenmarke sagen. Denn für die Münze konnten sich die Ratsherren fast drei Liter Wein aus dem Ratskeller holen, der damals recht gut bestückt war und sogar von einem eigenen Küfer betreut wurde. Mit dem Wein spülten sie vermutlich ihren Ärger hinunter, denn die Beschlüsse im Rat faßte zu damaliger Zeit der Bürgermeister – die Ratsherren hatten nur brav zu nicken.

Die Münzen waren für Köln aber nicht nur Zahlungs-, sondern auch Werbemittel, die den Ruhm Kölns als heilige Stadt verbreiten halfen. »Sancta Colonia Agrippina« stand im hohen Mittelalter auf der einen Münzseite und auf der anderen wurde meist ein Kirchenbau oder der heilige Petrus, Hauptheiliger des Kölner Doms, dargestellt. Es gab nur noch drei andere Städte auf der Welt, die sich ebenfalls für heilig hielten: Konstantinopel, Jerusalem und Rom. Köln glaubte ein Recht auf diesen Titel zu haben, weil ja der Boden voll von Heiligen war; angefangen von den elftausend Jungfrauen, die hier zu Märtyrerinnen wurden, über St. Gereon und seine mehr als 300 Getreuen bis hin zu Gregor Maurus, der ebenfalls mit mehr als 300 Jüngern in St. Gereon begraben wurde.

Obwohl aus dem mittelalterlichen Köln kein Skandal mit Geldfälschern bekannt ist – offenbar agierten Geldfälscher hier geschickter als andernorts –, wurden Geldgeschäfte nur mit größtem Mißtrauen abgewickelt. Der Begriff »etwas auf die Goldwaage legen« stammt aus

Oberstempel (links) und Unterstempel (rechts) für ein Ratszeichen aus dem Jahre 1606, Kölnisches Stadtmuseum

dieser Zeit. Die Münzen wurden gewogen, um das Gewicht zu überprüfen. Jeder Kaufmann besaß entsprechende Waagen. Die Erfindung einer zusammenklappbaren Goldwaage erleichterte vor allem den reisenden Handelsleuten die Geldgeschäfte. Wie eine Taschenuhr wurde sie am Gürtel getragen und, da teuer in der Anschaffung, als kostbares Erbgut vermacht.

Strenge Zunftordnung

Die besten Goldwaagen wurden in Köln hergestellt. Denn Köln war nicht nur zu einem bedeutenden Zentrum für die Herstellung von Münzen geworden, sondern entwickelte sich auch zu einem europäischen Zentrum für die Anfertigung von feinen Goldwaagen. Lange vor den Städten Antwerpen und Amsterdam und vor anderen deutschen Großstädten war Köln ein Zentrum dieser Produktion. Erst im 18. und 19. Jahrhundert ging ein Teil der Produktion an die Waagenmacher im Bergischen Land über.

Die Zahl der Kölner Waagemeister war auf etwa 50 beschränkt. Doch sie scheinen besonders fleißig gewesen zu sein. Hochrechnungen lassen vermuten, daß sie in etwa 200 Jahren über 300 000 Goldwaagen produziert haben. Heute sind jedoch kaum noch 500 davon erhalten. Das Kölnische Stadtmuseum besitzt 70 solcher Waagen. Zur Waage gehört eine Lade, in der 40 bis 50 Gold- und Silbergewichte (so viele verschiedene Münzarten waren auch in Köln im Umlauf) aufbewahrt wurden.

Die Waagenmacher zählten zur Goldschmiedezunft und unterlagen strengen Zunftordnungen. Es gab Familien wie die Wedtman, Grevenberg oder Odendahl, die über Generationen hinweg in diesem Beruf, der höchste Präzisionsarbeit verlangte, tätig waren. Mindestens genauso angesehen waren aber auch die vereidigten Eichmeister, die alles zu überprüfen hatten.

Eine besondere Straße, wie für andere Berufszweige, scheint es in Köln allerdings nicht für diese Handwerker gegeben zu haben. Man weiß, daß einige von ihnen »Auf dem Plückhof« wohnten, »Auf dem Brand« oder »Unter Taschenmacher«.

Im 17. Jahrhundert wurde die Qualität des Geldes immer schlechter. Wie sehr den Kölnern diese Qualitätsminderung, die ihre Nachbarn trieben, ein Dorn im Auge war, macht eine Inschrift auf einem Gulden von 1693 deutlich. Da heißt es: »Widerwillig werde ich mitgerissen, aber ich werde für Abhilfe sorgen« (invita trahor dum curo mederi).

Darauf bedacht, seine führende Rolle im Münzwesen zu erhalten, bestimmte der Rat, daß ein Reichstaler in Köln nur 78 Albus kostete, während er im Lande 80 Albus wert war. In Deutz mußte man also mehr Kleingeld für einen Taler bezahlen als in der Stadt – ein Versuch, die guten Münzen nach Köln zu locken. Ganz konnten sich die Stadtväter der grassierenden Qualitätsminderung trotzdem nicht entziehen.

Münzhoheit verloren

Im 18. Jahrhundert geht Kölns Blütezeit des Geldprägens zu Ende. 1793 werden die letzten Kölner Münzen, kupferne Heller, ausgegeben. 1797 lassen die Franzosen als Besatzungsmacht das Städtische Münzerhaus am Quatermarkt versiegeln. Köln hat seine Münzhoheit verloren. Nur noch einmal wurde in der Domstadt Geld geprägt, während der großen Inflation nach dem Ersten Weltkrieg. Doch dieses Geld hatte, wie im übrigen Land, nun wirklich seinen Wert verloren.

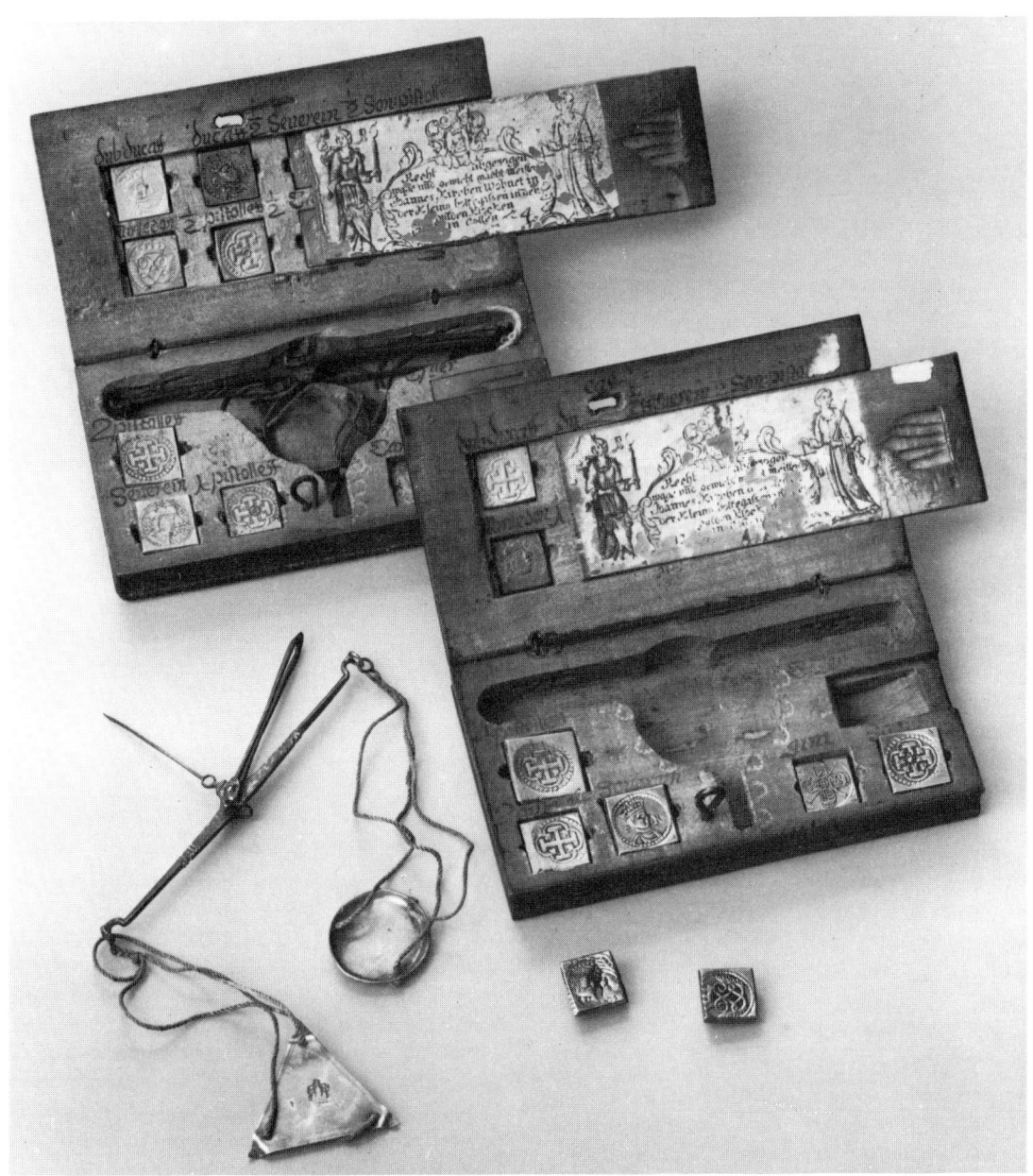

Münzwaagen des Kölner Waagenmachers Johannes Kirchen, 18. Jhdt., Kölnisches Stadtmuseum

Die tüchtigen
Kölnerinnen

Lebenslustig, ansehnlich, selbständig – die Beschreibung der Kölnerin hat sich im Laufe der Jahrhunderte kaum geändert. Die Rolle des Heimchens am Herd hat ihr noch nie sonderlich gelegen. Heute nicht und vor 800 Jahren nicht. Die erste Frauenzunft Europas entstand in Köln, und es gab damals Frauen, die Unternehmen mit weltweiten Handelsbeziehungen leiteten. Man schätzt, daß zwischen 15 und 40 Prozent der damaligen Steuern von Frauen aufgebracht wurden.

Manches ist heute noch oder wieder so wie im Mittelalter: die Doppelbelastung der Frauen in Beruf und Haushalt, ihre Selbständigkeit und ihre wirtschaftliche Bedeutung. Heute wird das städtische Steueraufkommen zu 30 Prozent von Frauen aufgebracht.

Und hier als Beispiel zwei Kölnerinnen aus dem Mittelalter:

Die Handwerkerfrau Margarete Hirtz ist etwas rundlich, temperamentvoll, die Frau eines Schusters und Mutter von fünf Kindern, von denen zwei an der Pest gestorben sind. Morgens hilft sie ihrem Mann in der Werkstatt. Nachmittags verkauft sie seine Produkte auf dem Markt.

Die Unternehmerin Tryngen Ime Hove ist gelernte Seidmacherin und Mutter von sechs Kindern, die weitgehend in der Obhut eines Kindermädchens groß werden. Stets elegant gekleidet, führt die Großunternehmerin mit Meistertitel nicht nur ihren eigenen Betrieb, sondern ist auch an dem internationalen Wolltuchhandel ihres Mannes beteiligt. Ihre Seidenproduktion ist beachtlich. Sie kauft pro Jahr etwa ein Fünftel

Eine Kölnerin – schon so elegant wie eine Barbie-Puppe heute. Heller Pfeifenton, Anfang 16. Jhdt., Kölnisches Stadtmuseum

der Kölner Rohseide-Einfuhr auf, ihr Unternehmen verarbeitet mehr als 5000 Pfund Rohseide.

Der Tag der beiden Kölnerinnen beginnt gegen sechs Uhr. Da es noch keine mechanischen Uhren gibt, gilt der erste Hahnenschrei als Zeichen zum Aufstehen. Allerdings sind Hähne in der Innenstadt selten, hier wecken die Kirchenglocken die Schläfer. Ihrem Ruf zur Messe folgen alle Familienmitglieder noch vor dem Frühstück. Obwohl aus der damaligen Zeit bekannt ist, daß viele Frauen großen Wert auf ein geschminktes, zumindest mit Rouge betontes Gesicht legten und die Haare kunstvoll flochten, begnügt sich die Frau des Schusters mit einer Katzenwäsche. Gebadet wird, durchaus häufig und ausgiebig, in großen tragbaren Holzbottichen in den Abendstunden.

In der Küche ist es dunkel und kalt. Die junge Frau ärgert sich, über Nacht ist das Feuer im Herd ausgegangen. Sie geht auf die Straße, um den Nachtwächter abzupassen, der für solche Fälle mit dem Feuertopf umhergeht. Er hält darin glühende Holzkohle bereit. (Feuer wird im Mittelalter mühsam von einem Feuerstein gegen Eisen geschlagen. Männer tragen ein solches Eisen stets bei sich.)

Die Küche der Schusterfamilie ist auch ihre Wohn- und Schlafstube. Abends wird sie nur spärlich von einem Talglicht und zwei an der Wand in Haltern steckenden Kienspänen beleuchtet. Das Frühstück ist schnell gemacht: Hafer- oder Grießbrei mit Milch und Wasser, gewürzt mit etwas Salz, Honig oder Sirup. Zucker gibt es nur in den Apotheken zu hohen Preisen. Noch unbekannt sind Kaffee, Tee und Tabak. Frische Brötchen hingegen sind zu haben. Schon damals ist die Vielfalt des kölnischen Brotes bekannt.

Der Unterschied zwischen einer reichen Kaufmannsfrau und einer Kölnerin der Unter-

Was damals geschah:

1149: Eine Urkunde erwähnt erstmals ein Kölner Rathaus, in dem die Patrizier zusammenkommen.

1150–1250: Das große Jahrhundert des romanischen Kirchenbaus in Köln. Die romanischen Kirchen entstehen in ihrer heutigen Gestalt.

1152–1190: Kaiser Friedrich I., Barbarossa, einer der bedeutenden Herrscher und glänzendes Vorbild höfischen Rittertums im Mittelalter.

1157: Der englische König Heinrich II. verleiht den Kölner Kaufleuten in London Handelsprivilegien.

1164: Reinald von Dassel, Erzbischof von Köln und Kanzler Barbarossas für Italien, nimmt am vierten Italienfeldzug teil und bringt die Gebeine der Heiligen Drei Könige nach Köln.

1180: Der Klub der Reichen, die Richerzeche, wird gegründet. Seine Mitglieder nehmen sich immer mehr Rechte gegenüber Erzbischof und König heraus. Anlaß der Gründung ist der Bau der Stadtmauer, die durch eine Art Mehrwertsteuer aus den Taschen der Einwohner finanziert wird.

1180–1250: Bau der großen Stadtmauer (dritte Stadterweiterung). Sie wird gegen den Willen des Stadtherrn, des Erzbischofs, gebaut. In diesem Streit entscheidet Kaiser Barbarossa, daß die Mauer stehenbleibt, die Bürger aber dem Erzbischof 2000 Silbermark zahlen müssen.

schicht, zu der immerhin mehr als die Hälfte der 40 000 Einwohner Kölns im Mittelalter zählt, ist groß. Das wird schon beim Anziehen deutlich. Wer wenig hatte, war schnell fertig: ein Hemd, ein weites langes Kleid, Holzpantinen oder Lederschuhe, zu denen wegen des Matsches auf regennassen Straßen hölzerne, hochhackige Überschuhe gehörten.

Margarete hat ihrem Mann gesagt, daß sie sich an einem Stand mit abgelegten Kleidern reicher Patrizierinnen endlich ein Gewand aus echter Seide kaufen will. Der Versuch des Ehemannes, dieses Vorhaben mit dem auch heute noch gebräuchlichen Argument »Für mich bist Du auch so schön genug« abzuwehren, scheiterte. Wie die meisten berufstätigen Frauen jener Zeit führte die Gattin die Haushaltskasse und verfügte über eigenes Geld, das sie beim Handel verdiente.

Noch keine Schulpflicht

Nach dem Frühstück ging der Mann in seine kleine Schusterwerkstatt, die Kinder spielten auf der Straße (allgemeine Schulpflicht gab es noch nicht), und Hausfrau Margarete säuberte die Wohnung. Das Wasser kam vom Ziehbrunnen vor der Tür. Nach dem Spülen landete es vor dem Haus in der Abwasserrinne.

Der tägliche Gang zu den Märkten bot den Frauen Gelegenheit zu einem Schwatz. Am Stand eines Kurzwarenhändlers begegnen sich die beiden Kölnerinnen. »Ehrbare Frauen, tretet näher, ich verhelfe Euch zu vollendeter Schönheit«, verspricht der Händler. Er bietet eine kleine Sensation an: den ersten richtigen Spiegel, gerade aus Ägypten importiert. Bis dahin gab es nur die Möglichkeit, sich im Wasser der Waschschüssel oder in einem Metallstück zu spiegeln. Mit Blei überzogenes Glas ist eine Neuheit. Beide Frauen können nicht widerstehen.

Spiegel für die Mägde

Die Frau des Schusters kauft allerdings mit schlechtem Gewissen, denn der Spiegel ist ein Luxus, den sie sich eigentlich nicht leisten kann. Die Seidmacherin dagegen braucht nicht zu rechnen, sie kauft sogar einen zweiten Spiegel für ihre Mägde, die die Einkaufskörbe tragen. Meisterin Tryngen Ime Hove mahnt die Dienstboten zur Eile, sie müssen noch Gemüse, Obst, Butter, Fleisch und Fisch auf den Märkten einkaufen. Sechs Tage in der Woche ist die Stadt zwischen Alter Markt und Heumarkt ein großer Basar. Nur an Feiertagen ruht der Handel. Unter freiem Himmel stehen lange Reihen von Buden, Lauben, Verkaufstischen. Jede Ware wird auf einem speziellen Platz angeboten: Vom Hühnermarkt schiebt sich die Menge zum Butter-, Kraut-, Gemüse- und Obstmarkt.

Die Wirtschaft des Mittelalters war auf schnellen Konsum ausgerichtet. Da die Armen weder Platz noch Geld für eine Vorratswirtschaft hatten, waren sie auch leichter von Hungersnöten betroffen. Nur die Reichen konnten sich Lagerbestände von Getreide, Schinken, Speck, getrocknetem Obst, Salz, Gewürzen, Käse leisten. Manche Familie hatte im Keller auch eine Tonne Pökelfleisch, Fässer mit Wein. Doch das meiste wurde täglich frisch gekauft.

Die Kölner galten damals als Feinschmecker und ließen, was die Qualität der Eßwaren anbelangte, nicht mit sich spaßen. Eine Bäuerin aus der Eifel, die Wolfsfleisch als Wildbret verkauft hatte, mußte diesen Schwindel mit dem Leben bezahlen. Die Lebensmittelkontrollen waren streng.

Um die Mittagszeit schließen Geschäfte und Marktstände für zwei Stunden. Margarete Hirtz steht am Herd und bereitet das Essen für Kinder und Mann – eine Suppe mit viel Gemüse. Die Seidmacherin hingegen kann sich an den gedeckten Tisch setzen. Das Küchenpersonal trägt der reichen Familie üppig auf: Schinken

Frömmigkeit bis in die Waschschüssel der Reichen – Beckenschlägerschüssel mit Mariae Verkündigung, Messing, 15. Jhdt., Kunstgewerbemuseum

mit Pfeffer, zwei Schüsseln mit Entenvögeln in Salbei, zwei Schüsseln mit Hennen, danach Käse mit Butter, Tafelgebäck, Trauben, Äpfel, Nüsse.

Am Nachmittag gehen die Damen ihren Geschäften nach. Die Frau des Schusters steht hinter ihrem Stand auf dem Neumarkt und bietet Leder- und Holzpantinen feil. Die Seidmacherin geht durch ihre Produktionsräume, wo sieben Hilfskräfte und vier Lehrmädchen arbeiten.

In einer Untersuchung über die Kölner Frauenzünfte im Spätmittelalter nennt die Historikerin Margret Wensky es einen »nahezu einmaligen Fall in der westeuropäischen Wirtschaftsgeschichte«, daß Köln die einzige Stadt war, in der spezielle Frauenzünfte entstanden.

Männer von Unternehmerinnen hatten es vermutlich nie besonders leicht. Auch der Ehemann der Seidmacherin, Mertyn Ime Hove, erlebte einen unangenehmen Nachmittag. Der Kaufherr Ime Hove handelte im In- und Ausland erfolgreich mit Tuchen und Wolle. Er exportierte auch die Seidenprodukte seiner Frau nach England. Die meisten Unternehmerinnen überließen den Handel mit ihren Produkten den Ehemännern.

Kaiser mit Schulden

Diesmal muß sich Ime Hove von seiner Geschäftspartnerin und Ehefrau Vorwürfe anhören. Die Kassenbücher stimmten nicht. Sein Tuchhandel stecke tief in den roten Zahlen. Die Mitinhaberin warnt vor einer Pleite. »Du mußt endlich unsere Außenstände eintreiben«, schimpft sie. Der Ehemann blickt etwas ratlos. Die Zahlungsmoral der Kunden ist außerordentlich schlecht, alle Unternehmen leiden darunter. Ime Hove überlegt, ob er sein Geld nicht vom Gericht eintreiben lassen soll.

Im Mittelalter war es durchaus üblich, vor allem in höchsten Kreisen, Schulden jahrelang nicht zu begleichen. So beschwerte sich die Kölner Bürgerin Drutgin van Caster beim Rat, weil der deutsche Kaiser Maximilian seit fünf Jahren nicht daran dachte, sein Pfand einzulösen, obwohl sie ihm »over die 20 brieve« geschrieben hatte. Maximilian war in Geldschwierigkeiten geraten und hatte deshalb Schmuckstücke seiner Frau an die Kölnerin verpfändet.

Einige Geschäftsfrauen waren also so reich, daß sie selbst einem Kaiser finanziell unter die Arme greifen konnten.

Schön, reich und geschäftstüchtig; für die Heilige Maria Magdalena könnte eine Kölnerin Modell gestanden haben. Ausschnitt aus der Mitteltafel des Thomasaltars des Meisters des Bartholomäusaltars, Köln um 1495, Wallraf-Richartz-Museum

Zur Strafe
nach Köln geschickt

Ein ganz gewöhnlicher Morgen im Jahr 1230: Das übliche Bild vor der Stadtmauer – ein Gewimmel von Menschen, Pferde- und Eselskarren, blökenden Schafen und grunzenden Schweinen. Viele Leute haben es am Abend vorher nicht mehr geschafft, »vor Toresschluß« in die Stadt zu kommen. Ungeduldig wartet die Menge darauf, daß die Tore geöffnet werden. Köln ist Sammelbecken für Handwerker von auswärts, für Bauern, Spieler, Bettler, Betrüger, junge Adelige, die in der sündigen Großstadt etwas erleben wollen, und Pilger aus ganz Europa, die im »hillige Kölle« Vergebung ihrer Sünden suchen. Sie alle wollen versorgt und unterhalten werden.

Pilger erster Klasse

Wer eines der zwölf Stadttore passiert, auf den stürzen sich die Päckelcheträger, entreißen ihm das Gepäck und bringen ihn zu einem Gasthof, der den Schlepper dafür belohnt. Zum Strom der Pilger gehören Familien mit Kindern, auch ledige Frauen, deren Sinn nicht immer nur aufs Jenseits gerichtet ist. Manche geraten allerdings allein deshalb auf die schiefe Bahn, weil ihnen während der Pilgerfahrt das Geld ausgegangen ist. Darum erließ die Kirche bereits im achten Jahrhundert eine Verordnung, die Frauen die Teilnahme an einer Pilgerfahrt erschwerte. Es gibt mehrere Klassen von Pilgern. Die zweiter Klasse sind einfach gekleidet und zu Fuß mit Pilgerstab unterwegs. Und da gibt es Pilger erster Klasse, hoch zu Roß mit großem Gefolge:

Zu ihnen gehören König Eduard III. aus England (1338), König Peter von Cypern (1363), König Christian von Dänemark (1475). Nicht jeder Fromme ist freiwillig unterwegs. Kirchliche und weltliche Gerichte verhängen Pilgerfahrten auch als Strafe für Mord, Schlägerei oder Betrug. Sogar hauptberufliche Pilger gibt es, die im bezahlten Auftrag reicher Sünder für deren Seelenheil wallfahren. Eine am Ziel ausgestellte Urkunde belegt die Erfüllung des Auftrags. Eine Pilgerfahrt als Strafe gilt auch als nützliches Mittel, Nebenbuhler auf die Reise zu schicken, wenn man sie nicht gleich ins Jenseits befördern läßt.

Wichtiger Wallfahrtsort

Urbanes Leben, um das sich Stadtplaner und Architekten heute so stark bemühen, blüht an jeder Ecke. Es gibt genug Prozessionen, Umzüge, kirchliche Feste, Turniere, Stechspiele, Schützenfeste, Karneval und Zirkus, bis hin zu den spektakulären Hinrichtungen, die die Schaulust des mittelalterlichen Menschen ansprechen.

Was sich das Kölner Verkehrsamt heute wünscht – Übernachtungen von Touristen über mehrere Tage hinweg –, war damals gang und gäbe. Herbergen, Wirtshäuser und Spitäler hatten gut zu tun.

Historiker Werner Schäfke behauptet: »Köln stieg zu einem der vier wichtigsten Wallfahrtsorte des späten Mittelalters auf.« Als Karl IV. im Jahr 1349 zur Krönung nach Aachen zieht, sind die Landstraßen um Köln so von Pilgerscharen verstopft, daß sein Troß steckenbleibt. Pilger aus dem Norden, Süden oder Osten Europas machen bei den Kölner Heiligen auch wegen des leistungsfähigen Kölner Lebensmittelmarktes gerne Station.

Nicht selten muß der Rat aus öffentlichen Mitteln Pilgerspeisungen finanzieren. Immer wieder einmal werden Brot und Fisch in der Stadt knapp.

Einen Eindruck, was Pilger hier erwartet, vermittelt eine Schilderung des Kölner Ratsherrn Hermann von Weinsberg: »Man tat den armen Pilgern viel Gutes um Gottes Barmherzigkeit willen. Sie lagen die Bach herauf und hinunter in allen Häusern, in meines Vaters Hause lagen sie haufenweis jämmerlich im Stall, aßen Kirschen, Pflaumen und ander Obst, machten in Züchten ihre Notdurft auf dem hintersten Hof, so daß die Kirschbäume dort ausschlugen wie ein Wald.«

Manche Pilger übernachten in Zelten auf den Rheinwiesen, andere in den Kreuzgängen der Kirchen. Ein warmes Süppchen gibt es in Klöstern oder an offenen Garküchen. Eine Urkunde bezeugt, daß der Wirt des Gasthauses Zum Schlüssel, Am Hof (gegenüber der Südseite des Domes), ein gewisser Thomas, den Rat als »Euer Gnaden getreuer Bürger« um Erlaubnis bat, eine Art Schnellimbiß einzurichten.

Reich an Heiligen

Schon seit dem achten Jahrhundert führt die Stadt den Beinamen »sancta colonia«, heiliges Köln. Das ist nicht weiter verwunderlich, weil die damalige Welt intensiv an Wunder glaubte. Schon in frühchristlicher Zeit war Köln reich an verehrungswürdigen Gebeinen, was zu seiner internationalen Popularität führte. Immerhin war bekannt, daß die heilige Ursula mit ihren elftausend Jungfrauen hier zur Märtyrerin geworden ist.

Der Schrein mit ihren Gebeinen steht heute in der Kirche St. Ursula. Die Begleiterinnen sind vermutlich auf dem Gräberfeld von St. Ursula begraben. Auch der heilige Gereon und sein Gefolge fanden in Köln den Tod.

Im Jahr 1164 kurbelt schließlich Erzbischof Rei-nald von Dassel den Pilgertourismus weiter an, indem er die Gebeine der Heiligen Drei Könige von Mailand nach Köln bringt, wo sie im »Alten Dom« aufbewahrt werden, dem Vorgänger des heutigen Domes, für den 1248 der Grundstein gelegt wurde.

Handel mit Reliquien

Es gibt also genug Gründe für eine Wallfahrt nach Köln und eine reichliche Auswahl an Heiligen, um eine heilbringende »Berührungs-Reliquie« als Andenken mit nach Hause nehmen zu können. Beliebt ist zum Beispiel, Rosenkränze, Ketten oder sonstige Gegenstände einem Priester im Dom zu übergeben, der sie mit einer silbernen Zange entgegennimmt und einen Schrein damit berührt.

Einige hohe Geistliche würden diesen Brauch gerne wieder aufleben lassen. »Ich wurde schon oft von Ausländern gefragt, ob es nicht so wie früher Berührungsbildchen gibt«, meint einer. Offizielle kirchliche Überlegungen werden darüber jedoch noch nicht angestellt.

Im Mittelalter nimmt der Handel mit Reliquien geradezu überhand. Es gibt sogar gottlose Pilger, die durch den Verkauf mit »kölschen Wunderartikeln« ihre Reisen finanzieren. Im 14. Jahrhundert hat das Geschäft mit Reliquien schließlich so stark zugenommen, daß der Papst auf Bitten der Stadt die Ausfuhr verbietet.

Mit Hilfe des berühmten kölschen Klüngels läßt sich das Verbot jedoch unterlaufen. Der schon mehrfach erwähnte Kölner Ratsherr von Weinsberg berichtet, wie er selber kraft seines Amtes einem Spanier, Don Martin von Aragonien, Graf von Rivacorso, zu Reliquien von den elftausend Jungfrauen verhalf. »Ich bin mit diesem Herrn hin und her gelaufen und habe zuletzt bei den Predigern ein Haupt und am Weidenbach ein anderes erlangt.«

Ursulabüstenreliquiar, Köln, 14. Jhdt., Kölnisches Stadtmuseum

Was damals geschah:

1225: Der Kölner Erzbischof Engelbert von Berg wird bei Familienstreitigkeiten ermordet. Er nimmt seinen Plan mit ins Grab, einen neuen Dom zu bauen. Der Mörder, sein Neffe Graf Friedrich von Isenburg, wird geköpft, sein Kopf wird am Bayenturm aufgesteckt.

1240: Die Mongolen dringen nach Europa vor.

1248: Nun legt Erzbischof Konrad von Hochstaden den Grundstein für den gotischen Dom.

1250: Friedrich II., der letzte und bedeutende staufische Kaiser und große Gelehrte, scheitert bei dem Versuch, noch einmal ein das Abendland beherrschendes Kaisertum aufzubauen. Nach seinem Tod beginnt »die kaiserlose, die schreckliche Zeit«.

1254: Die rheinischen Städte versuchen, beim Versagen des Königtums Rechts- und Friedenswahrung selbst in die Hände zu nehmen, und schließen sich zu dem rheinischen Städtebund zusammen. Schon 1257 bricht er jedoch auseinander.

Entwicklungen:

Mitte 13. Jahrhundert kommt das Spinnrad in Mode. Schiffe erhalten hinten ein Steuer (Achtersteuer) statt des Steuers an der Seite.

Die Spanier sind besonders geschickt im Geschäft mit der Frömmigkeit. Sie verkaufen zum Beispiel Pilgern, die nach Santiago de Compostela kommen, und dazu gehören auch viele Kölner, Reste einer noch heute beliebten Schlemmerei. Sie bieten leere Muschelschalen der »Coquilles Saint Jacques« als geweihte Pilgerzeichen feil. Der Erzbischof ist sogar am Umsatz beteiligt.

Es gibt auch Betrüger, die sich die Popularität der Heiligen Drei Könige in Köln zu Nutzen machen. In Urkunden wird 1406 ein Mann erwähnt, der mit den Resten eines Stricks um den Hals nach Köln kommt und behauptet, die drei Heiligen hätten ihn vom Galgen gelöst. Alle glauben ihm. Er wird reichlich bewirtet, kostbar gekleidet. Wegen des Wunders findet eine Prozession im Dom statt. Wo der Mann erscheint, tritt das gläubige Volk ehrfürchtig zur Seite. Erst als er nach Paris heimgekehrt ist, wird seine Geschichte als Betrug entlarvt. Der Hochstapler wird festgenommen und geköpft.

Europas
größte Baustelle

Zwischen dem 12. und 13. Jahrhundert glänzt Köln, eine der reichsten Städte, mit einem Superlativ. Es ist die größte Baustelle Europas. Die Pläne sind kühn: Es wird nicht nur mit der Errichtung der sieben Kilometer langen zweiten Stadtmauer begonnen, sondern fast gleichzeitig entstehen einige hundert pompöse Bürgerhäuser, viele Pfarrkirchen und zwanzig Hospitäler. Und: Der Kranz der zwölf romanischen Kirchen, wie er heute existiert, wurde vollendet. Selbst das Bombeninferno des Zweiten Weltkrieges konnte die Spuren dieser Glanzzeit nicht ganz auslöschen.

Die zweite Stadtmauer

Die Szene spielt im Jahr 1225. Umgeben von seinem Gefolge, kostbar gekleidet mit kaiserlichem Purpur, kommt ein gewisser Graf Balduin nach Köln und bittet Erzbischof Engelbert, ihn, den angeblich ehemaligen Kaiser von Konstantinopel, vor seinen Feinden zu schützen. Obwohl den Grafen keiner kennt, erteilt der Erzbischof seinem Zeremonienmeister den Auftrag, den Fremden standesgemäß zu bewirten und eine Stadtbesichtigung zu unternehmen.
Hoch zu Roß reiten sie durch die Straßen. Überall wird gehämmert, gezimmert, werden Steine verfugt, Dächer mit Blei, Schiefer und Stroh gedeckt. Der Graf ist sichtlich beeindruckt, mit welcher Geschicklichkeit Hunderte von Männern den Graben für die Stadtmauer ausheben. Der Bau des Mauerrings mit seinen zwölf Toren, 22 Pforten und 50 Türmen ist das eigentliche Ereignis. Die Reichen der Stadt hatten sich in ihrem Klub, der Richerzeche, die Organisation und Finanzierung der Stadtmauer zur Hauptaufgabe gemacht. Sie wollten ihren Besitz sichern.
Während seiner Stadtbesichtigung erkundigte sich der Graf aber auch nach den Plänen für die romanischen Stifts- oder Klosterkirchen (St. Pantaleon, St. Georg, St. Gereon, St. Andreas, St. Kunibert, St. Severin, St. Maria im Kapitol, St. Ursula, St. Caecilien, St. Aposteln, Groß St. Martin) und die Pfarrkirche St. Maria Lyskirchen, die in der Zeit zwischen 1180 und 1288 zum Teil erweitert werden oder neu entstehen. Balduin hört auch von Planungen für den Neubau des Domes, die aber erst mit der Grundsteinlegung 1248 im zweiten Anlauf verwirklicht werden.
»Und wer bezahlt das nun alles, die Bürger oder der Erzbischof?«, will der staunende Besucher wissen. Auch diese Auskunft wird ihm nicht verwehrt. Auftraggeber und Finanziers waren die Stifte, die Klöster und der Erzbischof; Bürger nur in Ausnahmefällen, denn die Kosten für den Bau einer Kirche lagen schätzungsweise bei fünf bis zehn Tonnen Silber. Wohl gab es immer wieder fromme Bürger, die Altäre, Bilder oder sonstigen Schmuck für die Kirchen zur Vergebung ihrer Sünden stifteten.

Prächtige Kirchen

Zu den Ausnahmen gehört eine der ältesten romanischen Kirchen, St. Maria im Kapitol (gebaut über den Grundmauern eines römischen Kapitolstempels). Eine Legende berichtet, daß eine Fränkin und einflußreiche Adelige, Plektrudis, Bauherrin und Geldgeberin der Kirche war.
In der Tat kam Plektrudis nach dem Tode ihres Mannes, Pippin II., des obersten Hofbeamten

König Dagoberts III., im achten Jahrhundert nach Köln. Zwar existiert in St. Maria im Kapitol eine Grabplatte, ob sie aber in Köln gestorben ist und beerdigt wurde, ist unbekannt.

Die Stadt muß im Mittelalter einen imponierenden Anblick geboten haben, denn 1447 schreibt Papst Pius II. nach einem Besuch, er habe in ganz Europa keine herrlichere Stadt gesehen als »Köln mit seinen prächtigen Kirchen, Türmen, bleigedeckten Gebäuden und dem Rathaus, seinen reichen Einwohnern, seinem schönen Strom und den fruchtbaren Gefilden ringsum«.

Die Geistlichkeit bildete ein wichtiges Bevölkerungselement in der Stadt. Ihre Zahl wird mit den Bewohnern der Stifte und Klöster auf 2000 bis 3000 geschätzt. Manche Stifte nahmen nur Adelige auf, nicht einmal reiche Patrizier. Sie mußten sich regelrecht einkaufen. Insgesamt trug also der Kölner Klerus wesentlich zum wirtschaftlichen Aufschwung der Stadt bei. Schon Erzbischof Bruno hatte im zehnten Jahrhundert durch eine von ihm leidenschaftlich angeregte Bautätigkeit der Wirtschaft die entscheidenden kräftigen Impulse gegeben.

Der Himmel als eine Stadt

»Na, dann werden ja wenigstens die Bauhandwerker für Generationen in dieser Stadt ausgesorgt haben«, überlegt Graf Balduin. »In ein paar Jahren ist das nicht zu schaffen.« Der mysteriöse Stadtbesucher hatte natürlich recht. Die Bauten wuchsen langsam empor, trotz der inneren Kraft, von der die an ihnen schaffenden Menschen angetrieben wurden und mit deren Hilfe sie die Kirchenbauten, ohne zu murren, gegen guten Lohn errichteten.

Kirchenbauten als Werbung für die christliche Lehre? Diese Vorstellung ist nicht von der Hand zu weisen. Die Kirche stand zwar in ihrer Hochblüte, aber sie mußte sich doch gegen aufkommende Kritik wehren. Um so mehr versuchte sie, ihren Schäflein die Gotteshäuser als Abbild des himmlischen Jerusalem nahezubringen. Der mittelalterliche Mensch stellte sich den Himmel nicht blau mit Wölkchen und Engelchen vor, sondern als Stadt mit vielen Bauten. Auch Schreine galten als eine Art von Häusern, in denen die Heiligen lebten: darum die schmückenden Edelsteine, das viele Gold. So waren auch die Kirchen Abbilder des Jenseits. Indirekt wurde den Gläubigen damit gesagt, auch sie könnten einmal so schön in der Ewigkeit wohnen, wenn sie entsprechend lebten, Almosen gäben und ihre Anwartschaft auf die ewige Seligkeit nach der Beichte durch den Kauf von Ablässen finanzierten.

Steine aus dem Siebengebirge

»Köln war in jenen Jahren eine der größten Baustellen Europas«, meint Heiko Steuer, Professor für Ur- und Frühgeschichte an der Universität Freiburg und seit Jahren bemüht, die oft noch im Dunkeln liegenden Anfänge des Mittelalters in Köln zu erhellen. Es sei heute kaum noch vorstellbar, welcher Aufwand an Organisation der Einsatz von Baumaterial und Handwerkern voraussetzte, sagt Steuer.

Allein die Stadtmauer verschlang 400 000 Kubikmeter Stein von mehr als einer Million Tonnen Gewicht. Täglich legten im Rheinhafen die gerade neu entwickelten großen Rheinschiffe an. Die Schiffe brachten Steine aus dem Siebengebirge oder aus anderen Steinbrüchen. Pferde und Ochsen zogen viele hunderttausend Wagenladungen Gestein zu den Bauplätzen.

Technische Hilfsmittel gab es kaum. Die Schubkarre war eben erst erfunden worden. Und die von Menschenkraft oder mit Hilfe von Tieren betriebenen Kräne waren primitiv.

So war es auch kein Wunder, daß die ersten im

Almosen sollen vor der Hölle schützen

Was damals geschah:

1258: Albertus Magnus, berühmter Universalgelehrter, leitet das Generalstudium der Dominikaner und versucht immer wieder, im ständigen Streit zwischen Erzbischof und Stadtgemeinde schlichtend zu vermitteln.

1268: Schlacht an der Ulrepforte. Bürgerkrieg zwischen den Patriziern, von denen einige auf der Seite des Erzbischofs stehen, andere wollen sich von ihm freikämpfen. Die Anhänger des Erzbischofs werden zurückgeschlagen.

1273: Rudolf von Habsburg wird zum deutschen König gewählt. Eine neue Dynastie beginnt ihren Aufstieg: In Österreich regiert sie bis 1918.

1288: Mit der Schlacht bei Worringen, einer der größten und letzten Ritterschlachten, geht praktisch die Herrschaft des Erzbischofs über Köln zu Ende, wenn er auch theoretisch bis 1475 Stadtherr bleibt.

Entwicklungen:

1276 kommt die Papiermühle auf. In größeren Mengen hergestelltes Papier ersetzt das bisher gebrauchte Pergament oder die Wachstafeln.
Um **1286** werden die Brille und die mechanische Uhr erfunden. Der Kohleabbau beginnt, und Glasgefäße werden wieder in größerer Zahl hergestellt.

13. Jahrhundert entwickelten, durch Wasserenergie angetriebenen Mühlen von den Arbeitern mit Jubel begrüßt wurden: »Guter Gott, wie sehr erleichterst Du die Mühsal Deiner Kinder, die Buße tun, und wie ersparst Du ihnen ein Übermaß an Arbeit. Wieviel Pferde würden sich erschöpfen, wieviele Menschen ihre Arme ermüden bei Arbeiten, die dieser anmutige Fluß durch die Wassermühle für uns tut.«
Auf dem Rhein schwammen in Höhe der Stadt zwei bis drei Dutzend Wassermühlen, mit deren Hilfe Getreide gemahlen, Tuch gewalkt und Leder gegerbt wurde und die Eisenhämmer und Malzwerke zur Bierherstellung antrieben. Das Industriegebiet der Stadt lag auf dem Rhein.

Reiche Erträge

Die rege Bautätigkeit in Köln zog immer mehr Handwerkszweige in die Stadt, die alle auf den noch zunehmenden Reichtum der Stifte und Klöster bauten. Durch eine Umstellung von der Zweifelder- auf die Dreifelderwirtschaft (nur noch ein Drittel der Äcker blieb zeitweise zur Erholung der Erde unbestellt) waren die Erträge der Landsitze des Klerus reicher geworden. Wein- und Getreideanbau wurden intensiviert.
Stifte und Klöster entwickelten sich zu sehr weltlich geführten Wirtschaftsunternehmen, die nicht selten zu einer beträchtlichen Konkurrenz der bürgerlichen Handelsleute wurden, zumal sie keine Steuern zu zahlen brauchten. Immer wieder versuchten sie, ihre Produkte zu Niedrig-Preisen auf den Kölner Markt zu bringen. Deshalb beauftragte zum Beispiel der Papst 1260 den Bischof Wilhelm von Münster, darauf zu achten, daß in den Kölner Klöstern kein Wein ausgeschenkt werde (ohne Erfolg).
Mönche und Nonnen gehörten zu den anspruchsvollen Konsumenten, wenn man sich eine Festmahlzeit in St. Pantaleon um 1225 an-

sieht: Suppen, Hecht, Fleischpastete, Kuchen, gesalzenes Backwerk, Hühner, Käse, Bier und Wein.

Und was ist inzwischen aus jenem Graf Balduin geworden, der in Begleitung des erzbischöflichen Zeremonienmeisters eine Stadtbesichtigung macht? Als sie an einer der vielen Baustellen von Arbeitern und Neugierigen umringt werden, gibt der Graf seinem Pferd die Sporen und stürmt davon. Ein paar Tage später wird er in Burgund erkannt und festgenommen. Der Graf war nämlich kein Graf, sondern ein Hochstapler, der seinen Ausflug in die Welt der Reichen mit dem Tode auf dem Schafott bezahlen mußte. In Köln hatte er unbezahlte Rechnungen und natürlich einen denkbar schlechten Eindruck hinterlassen. Und keiner betete für seine verkommene Seele.

Grapen – für die morgendliche Milchsuppe; Bronze, 14./15. Jhdt.

Vom Hausschwein zur Müllabfuhr

Im Mittelalter hatten die Kölner mehr Schwein, als ihnen oft lieb war. Überall liefen einem die Ferkel zwischen die Beine. In der Ferne genoß die Stadt zwar den Ruf eines bedeutenden Handelszentrums, aber aus der Nähe gesehen war Köln, eine der volkreichsten Städte nördlich der Alpen, ein großes Dorf. Ein Dorf, durch dessen Gassen nicht nur Viehherden zogen, sondern auf denen sich Mist, Unrat und Steinschutt stapelten. Im »hilligen Kölle« stank es zum Himmel. Das Thema Umweltverschmutzung gehörte zu den Dauerthemen im Rat. Eine städtische Müllabfuhr gab es noch nicht.

Die angesehenen Kölner Bürger waren zwar mit vielen Dingen fertiggeworden, sie setzten sich sogar mutig gegen den Erzbischof zur Wehr und vertrieben ihn aus der Stadt (Schlacht bei Worringen 1288), doch sie brauchten über 600 Jahre, um die »Schweinerei« auf ihren Straßen in den Griff zu bekommen.

Noch bis ins 19. Jahrhundert hinein war die Schweinezucht innerhalb der Stadtmauern recht umfangreich, gehörte das Schwein zu den gewohnten Straßenpassanten. Viele Haushalte hielten sich eigenes Borstenvieh als Abfallverwerter für Küchenreste. Auch Brauereien und Bäcker nutzten die Gefräßigkeit der Schweine zur Abfallbeseitigung. Ganz zu schweigen von den Landwirten, die auf ihren Höfen in der Stadt Schweinezucht im großen betrieben.

Der Beruf des Schweinehirten ernährte in Köln seinen Mann. Tagsüber trieben die Hirten das Borstenvieh herdenweise durch die Straßen zu

45

den Weiden. Kaum ein Müllhaufen am Wegesrand war vor den schnüffelnden Rüsseln der quiekenden Schweine sicher.

Immer wieder erließ der Rat Verbote, die Ferkel frei herumlaufen zu lassen. Kaum einer nahm die Anordnungen offenbar ernst, wie aus den Protokollen des Rates, die allerdings erst aus dem 14. Jahrhundert erhalten sind, zu entnehmen ist.

In der Mitte des 15. Jahrhunderts, am 11. Juni 1445, wurde sogar der Befehl erteilt, innerhalb von 14 Tagen alle Ferkel abzuschaffen. Nur Bäcker, Brauer und Landwirte sollten eine Sondergenehmigung erhalten. Doch die Bevölkerung schien sich auch um diesen Erlaß wenig gekümmert zu haben. Am 20. Oktober 1490 griff der Rat deshalb zu rigoroseren Mitteln. Er drohte, alle Schweine zu beschlagnahmen, die zwischen sechs Uhr morgens und sieben Uhr abends frei herumliefen.

Der Mist auf den Straßen

Welch kuriose Parallele zu heutigen Verhältnissen. Heute behindern nicht Schweine, sondern meist parkende Autos den Verkehr. Wer verbotenerweise sein Vehikel an bestimmten Stellen zu bestimmten Tageszeiten stehen läßt, muß auch mit Beschlagnahmung oder Abschleppung rechnen.

Im mittelalterlichen Köln hatten die Stadtväter aber nicht nur ihre liebe Not mit dem Borstenvieh, sie mußten sich auch sonst um jeden Mist kümmern. Überall lagen Abfälle als mächtige Haufen, fast als Barrikaden herum, vor der romanischen Stadtmauer, am Rheinufer entlang, aber auch auf den Straßen in der Stadt. Passanten mußten jederzeit damit rechnen, daß ihnen Hausfrauen ohne große Vorwarnung den Inhalt ihres Putzeimers vor die Füße schütteten. Flüssiger Unrat wurde einfach in die offenen Straßenrinnen gekippt, die nur teilweise mit Steinplatten bedeckt waren. Das einst vorbildliche Abwasserkanalsystem, das die Römer in Köln gebaut hatten, war während der Wiederaufbauphase der mittelalterlichen Stadt verschüttet worden und offenbar in Vergessenheit geraten. Abfälle wurden einfach in den Rhein oder in den Duffesbach geleitet.

Was Archäologen fanden

Durch die Ausgrabungen der Archäologen weiß man, daß außerdem viel Abfall in das hinter den Häusern gelegene Plumpsklosett wanderte. War die Grube voll, wurde sie nach Jahren oder Jahrzehnten im Schutze der Nacht ausgehoben, Schlamm und Jauche abtransportiert. Die in dem anrüchigen Berufszweig Arbeitenden nannte man Goldgräber. Oft ließ der Hausherr aber auch nur eine neue Grube ein paar Meter weiter ausheben. Der Inhalt der alten Grube blieb dann für die Archäologen erhalten: Glasscherben, zerbrochene Keramik, Holzgeschirr, Knochen und Gerippe kleiner Tiere, Obstkerne. Größerer Unrat oder auch Bauschutt, den man nicht ins Plumpsklosett schütten wollte, wurden zunächst vor der Haustür gelagert. Beschwerden beim Nachbarn hatten kaum Aussicht auf Erfolg, da ja alle, sicher auch der Beschwerdeführer, das gleiche taten.

Durch die immer größer werdenden Abfallhaufen wuchs die Stadt im frühen Mittelalter allmählich Schicht für Schicht über sich hinaus. Denn was länger lag, wurde breit getreten, von Hunden und Schweinen zerwühlt. Der Abfall verwandelte sich in eine neue Straßendecke. Im Sommer wehte der Wind den stinkenden Unrat durch die Gassen, im Winter wurde der Duft wenigstens auf natürliche Weise eingefroren. Am schlimmsten war es, wenn der Regen alles in eine Schlammschicht verwandelte.

Daubenschälchen, Trinkgefäß aus Holz – billiger als die teure Keramik; 13. Jhdt., Kölnisches Stadtmuseum

Eine merkwürdig erscheinende Schuhmode war lebensnotwendig. Wer nicht im Dreck steckenbleiben wollte, band sich unter die Schuhe Holzpantinen mit hohen Stöckelabsätzen, um trockenen Fußes über den Mist steigen zu können. Nur weil der Schlamm immer höher wurde, seien, so behaupten böse Zungen, schließlich die Stelzen erfunden worden.

An den schlüpfrigen Verhältnissen änderte sich in Köln erstmals im 12. und 13. Jahrhundert etwas. Ähnlich wie in Oberitalien wurde auch hier begonnen, die Innenstadt zu bepflastern.

Im Dienste des städtischen Straßenbauamtes sorgten Wegemeister dafür, daß ganze Schiffsladungen von Steinen zu Straßenpflaster verarbeitet wurden. Sie sorgten sich auch darum, daß die Aduchte, Abwasserrinnen und Kanäle bei Verstopfungen gesäubert wurden.

Keine Straßenreinigung

Eine regelmäßige Straßenreinigung gab es immer noch nicht, immer noch wurden die Anwohner ermahnt, endlich vor der eigenen Haustür zu fegen, die »unflätigen« Straßen zu säubern, wie es in einem erhaltenen Ratsprotokoll heißt. Im 15. Jahrhundert stellt der Rat sogar zwei Schiffe für den Abtransport des Abfalls bereit, die an der Mühlengasse und an der Salzgasse vor Anker gingen. Zum erstenmal übernahm offensichtlich die Obrigkeit die Aufgabe, für die Straßenreinigung zu sorgen.

Die beiden ersten offiziell in der Kölner Stadtgeschichte erwähnten Müllmänner hießen Wilhelm Roggelgin und Peter Pluckgassen. Am 16. August 1448 erhielten sie den Auftrag, sich mit einem Karren, einem Knecht und einem Pferd an die Arbeit zu machen. Für jeden gefüllten und abtransportierten Karren bekamen sie einen Schilling vergütet. Der Bürger mußte diesen Service mit einer Erhöhung des Wachtgeldes, das ihm ohnehin abgenommen wurde, bezahlen.

Schweine eingesperrt

Entweder reichte die Zahl der Müllmänner nicht aus, oder die Bürger wurden immer nachlässiger. 1486 äußerte sich der Rat empört darüber, daß die Bürger ihren Dreck nicht mehr vor der eigenen Haustür lagern, sondern daß sie ihn sogar vor den Gürzenich oder das Rathaus kippen. Dabei gab es zu dieser Zeit schon so etwas wie eine in Stadtbezirke eingeteilte offizielle Müllabfuhr. So ist im Stadtarchiv ein Vertrag aus dem Jahre 1481 erhalten, den die Stadt mit dem Brauer Dietrich Wylde abschloß. Alle vierzehn Tage sollte er in einem bestimmten Viertel den Abfall, meist war es der Mist von der Viehhaltung, abtransportieren. Gegen gute Silberpfennige konnte er seine Fuhr als Dünger an die Bauern ringsum verkaufen.

Köln war zwar im 15. Jahrhundert wirtschaftlich und politisch auf dem Höhepunkt seiner Stadtgeschichte, doch an dem Müllproblem ändert sich bis ins 19. Jahrhundert kaum etwas. Vergebens versuchten zum Beispiel zwei Ratsherren, die das Stadtgebiet unter sich aufgeteilt hatten, ihren Einfluß geltend zu machen, damit

die Bürger wenigstens zweimal die Woche ihre Straßen fegten. Immer wieder wurde es ihnen eingetrichtert, bei den üblichen Morgenansprachen von der Rathauslaube aus, auf öffentlichen Plätzen, wo die Erlasse angeschlagen und durch Trommeln und Ausrufen verkündet wurden. Aber die Kölner schienen auf diesem Ohr schwerhörig gewesen zu sein. Nicht einmal die Androhung von Gefängnisstrafen ließ sie reinlicher werden.

Auch die Franzosen wurden nicht mit dem bürgerlichen Mist in Köln fertig. Als sie 1794 als neue Herren in die Stadt einrückten, drängten sich die Schweine weiterhin in den Vordergrund. Um Kaiser Napoleon bei einem Besuch in Köln die Schande zu ersparen, im Mist stekkenzubleiben, gab die französische Verwaltung extra einen Erlaß heraus. Bereits um acht Uhr sollten alle Schweine von der Straße entfernt und die Wege gekehrt sein. Wer die Anordnung

Spielstein, Elfenbein, 12./13. Jhdt., Kunstgewerbemuseum

mißachtete, mußte mit hohen Geldbußen zwischen 25 und 100 Livres und mit dreimonatiger Gefängnisstrafe rechnen.

In späteren Jahren wurde versucht, mit dem Müll Geschäfte zu machen. Ein Unternehmer sollte den Mist für gutes Geld vom Bürger kaufen, um ihn gewinnbringend als Düngemittel an die Bauern ringsum weiterzuverkaufen. Auch dies führte zu keiner befriedigenden Reinigung. Auch nicht der Versuch in die umgekehrte Richtung: man suchte den, der am wenigsten für die Müllentfernung forderte.

Erst 1888 folgten die Kölner dem Beispiel anderer Großstädte und gründeten einen städtischen Fuhrpark für Abtransport und Reinigung. Seitdem stiegen die Kosten und die Müllmengen von Jahr zu Jahr. Die richtige Lösung für die Müllbeseitigung ist auch heute noch nicht gefunden.

Kanne, Bronze, 14. Jhdt., Kunstgewerbemuseum

Was damals geschah:

1322: Weihe des Domchores

1349: Pest in Köln. Die Bevölkerungszahl sinkt, Löhne steigen. König Karl IV. bestätigt das seit 1259 formulierte Stapelrecht, die bequemste Einnahmequelle der Stadt und ihrer Bürger. Danach müssen alle Waren, die durch Köln kommen, ausgeladen, von städtischen Beamten kontrolliert und drei Tage den Kölnern zum Kauf angeboten werden. Erst danach dürfen auswärtige Handelsleute kaufen.

1356: Die »Goldene Bulle« (Bulla bedeutet Siegel) regelt das Königswahlrecht, das nur noch den sieben Kurfürsten zusteht und nicht mehr noch anderen Fürsten des Reiches. Einer der sieben ist der Kölner Erzbischof.

1367: Kriegsbündnis der Hansestädte gegen König Waldemar IV. Atterdag von Dänemark und König Håkon von Norwegen. Der Vertragsabschluß findet im Hansasaal des neu erbauten Kölner Rathauses statt.

Entwicklungen:

1327 wird die Kanone erfunden, die älteste Kölner Kanone (von 1377) ist im Kölnischen Stadtmuseum ausgestellt. 1370 kommt die Stecknadel aus Eisen auf. Um 1380 wird die Gabel in gehobenen Kreisen gebräuchlich, das Spinnrad erhält Tretantrieb, die Eisengießerei wird entwickelt.

49

Mit den Gästen in
die Badebütt

»Iß, trink und sei fröhlich, denn morgen wirst du sterben!« Diesen keineswegs frommen, sondern sehr weltlichen Spruch machen sich viele Menschen im Mittelalter zum Leitfaden ihres Lebens. Verständlich, denn ihr Alltag ist von Kriegen, Hungersnöten und Epidemien bedroht. Gelegenheiten, fröhlich zu sein, gibt es genug. Es werden allein 110 offizielle kirchliche Festtage gezählt, an denen nach Prozessionen und feierlichen Messen gefeiert wird; außerdem werden öffentliche Turniere, Schützenfeste mit Armbrustschießen, Jahrmärkte, Ernte- und Weinfeste veranstaltet und Verlobungen und Hochzeiten gefeiert. Und nicht zu vergessen: es gibt auch schon den Karneval.

»Da aber der Wein so stark, süß und wohlfeil ward, hat sich das Volk ans Trinken und Schwelgen begeben. Es hat sich so sehr mit Wein überschüttet, daß sie auf der Straße, da und dort an den Hecken gelegen haben wie die Schweine. Und dieser wohlfeile Wein hat zur Geselligkeit angeregt, auch unter uns Studenten, und wir haben dermaßen getrunken, daß einer sich am anderen festhalten mußte.«

Feste in Tanzhäusern

Szenen, wie sie der Kölner Ratsherr Hermann von Weinsberg in seinem Tagebuch schildert, müssen in Köln trotz strenger Kirchenvorschriften nicht ungewöhnlich gewesen sein.
Doch wo feierten die Kölner? Die Stadtregierung besitzt zwar ein schönes Rathaus, aber das große Festhaus der Bürger, der Gürzenich, wird erst in der Mitte des 15. Jahrhunderts gebaut und zudem im Untergeschoß zuerst als Lager und Kaufhaus hergerichtet.
Für Hochzeiten oder familiäre Feiern, die den häuslichen Rahmen sprengen, stehen den Kölnern mehrere Festsäle, sogenannte Tanz- oder Brautlaufhäuser, zur Verfügung. Eines der schönsten Festhäuser, in dem auch große Ratsessen oder Bankette abgehalten werden, liegt am Quatermarkt, gegenüber dem heutigen Gürzenich. Silvesterfeiern im heutigen Stil kennt man noch nicht.

Mummenschanz verboten

»Gib mir Keuschheit und Enthaltsamkeit, aber noch nicht jetzt«, schreibt der im Mittelalter viel gelesene große Kirchenmann Augustinus. Er spricht den Kölnern aus dem Herzen. Egal ob kirchliche oder weltliche Feste – sie nutzen jeden Anlaß zum Schmausen und Amüsieren. Über die Randerscheinungen dieser Ausgelassenheiten, über Raufereien und Messerstechereien, ist die Obrigkeit allerdings, wie in Protokollen noch späterer Jahrhunderte nachzulesen ist, weniger erfreut. Vor allem das Fastnachtstreiben nimmt beängstigende Formen an.
Zum erstenmal wird die stark mit heidnischen Bräuchen behaftete Fastnacht in Köln erst 1341 erwähnt. Der Rat verkündet, daß er in Zukunft keinerlei öffentliche Gelder mehr als Zuschuß zahlen will.
Im Mittelalter zumindest hatten die Kölner Narren wenig zu lachen, denn 1403 untersagt ihnen der Rat sogar unter Androhung einer Strafe von fünf kölnischen Mark jede »Vermummung in den Fastnachtstagen«. Offenbar haben die meisten Kölner aber lieber bezahlt, als auf den Mummenschanz zu verzichten.
Kirche und Rat versuchen deshalb, härter durchzugreifen. Einige Jahre später wird den

Narren der Ausgang nur noch bis sechs Uhr gestattet, weil »die Nachtgelage, das Nachtsauffen, die Schwertdentzer und Mummereyen samt allen übermessigen Fressen, Sauffen, Dantzen und alle Leichtfertigkeiten gantz und gar abgestellt werden sollen.«

Das alles scheint der allgemeinen Ausgelassenheit jedoch kaum Abbruch getan zu haben. Denn Fastnacht anno 1538 berichtet Ratsherr Weinsberg von einem Grafen von Reifferscheid und zu Dyck, der betrunken in der Herberge »Zum Weißen Pferd« am Waidmarkt eine Lokalrunde nach der anderen schmeißt. »Er ließ sich ganze Kessel und Sturzbüttchen voll Weins holen, und wenn die Gesellen, Schmiede, Gewandschneider, Weißgerber und andere mit den Trommeln kamen, schenkte er denen Wein, soff aus den Kesseln, was die anderen auch tun mußten. Wenn das einer nicht wollte, schlug er sich mit dem herum. Auch sonst trieb der Graf wunderliche Dinge ...«

Besonders beliebte Karnevalsveranstaltungen sind übrigens die Umzüge und Bälle der Bürgervereinigungen (Gaffeln).

Offenbar sind die Menschen des Mittelalters noch davon überzeugt, daß eine Ehe mit viel Spaß begonnen werden sollte. Denn seit dem 14. Jahrhundert besteht der Brauch, den Hochzeits-

Der Rat verbietet das Fastnachtstreiben

Was damals auf den Tisch kam

Gewürze waren das Wichtigste in der mittelalterlichen Küche. Je mehr verwendet wurden, desto reicher der Gastgeber, denn Gewürze (Pfeffer, Ingwer, Nelke, Zimt, Muskatnüsse, Safran) wurden importiert und waren teuer. Beliebte Gemüse waren Kohlrabi, Flaschenkürbis, Salat, Gurken, Rüben, Erbsen, Kohl und Bohnen (verbreitet als Fastenspeise). Brot wurde aus Roggen, Hafer, Gerste und Weizen gebacken. Es wurde viel Fleisch gegessen. Große Viehtrecks kamen aus den Niederlanden und aus Polen. Ochsen wurden zu Tausenden auf dem Neumarkt feilgeboten. Blut-, Fleisch-, Brat- und Leberwurst waren bekannt. Wild oder Federvieh (Trappe, Kranich, Pfau, Schwan, Krähe, Dohle, Lerche, Sperling) blieben meist Adels- und Herrentafeln vorbehalten. Konserviert wurde durch Räuchern, Pökeln und Trocknen, gesüßt mit Honig, Sirup oder Zucker, der allerdings sehr teuer war.
Auch Fisch – über fünfzig Sorten waren bekannt – wurde viel gegessen.
Die Speisen waren verhältnismäßig trocken. Zum Fleisch gab es Tunken, in die Brot getaucht wurde. Bei Festgelagen der Reichen wurden die Speisen zu Bergen, Türmen oder Häusern geformt und gefärbt. Es wurden gigantische Pasteten aufgetragen, aus denen manchmal lebende Vögel oder Gnome schlüpften.
Getränke: Milch, Wasser, ein saurer Wein, der mit Honig und Gewürzen veredelt wurde, und Bier nach Art des heutigen Kölsch.

tag auf Fastnacht zu legen. Wer es sich leisten kann, feiert.
Und wie feiern einfache Leute ihre Hochzeit? Da Reiche meist mehr von sich reden machen als Arme, sind die Feier- und Eßgewohnheiten des einfachen Volkes weniger bekannt. Sicher ist nur, daß bei jeder Gelegenheit reichlich Wein und Kölsch flossen; mit beidem löschen die Kölner bereits seit der Römerzeit den Durst.

Ein Original-Rezept:

Pastete: Forme von ausgerolltem Teig ein Gefäß. Schneide ein junges Huhn oder eine junge Taube roh in kleine Stücke. Schneide Speck in kleine Würfel. Würze die Masse und schichte sie in die Form. Als Deckel nimm ein weiteres Stück Teig darüber und backe alles zusammen im Ofen.

Die Enge der Straßen bringt es mit sich, daß Familienfeiern meist in kleine Straßenfeste ausarten, bei denen Nachbarn mitfeiern. Fahrende Musikanten spielen zu Reigen und Formationstänzen auf. Kinder und Alte werden mit Geschichten aus der Bibel unterhalten, die Männer spielen Schach oder verbotene Würfelspiele, bei denen es um Geld geht.

Eins ist sicher, die bürgerlichen Hochzeiten verlaufen sauber. Denn im Laufe der Jahrhunderte ist es üblich geworden, daß Braut und Bräutigam ihre Hochzeitsgesellschaft zu einem gemeinsamen Besuch in eines der öffentlichen Badehäuser in den Vierteln von St. Kolumba und St. Martin einladen. Die Warnung der Priester vor diesen zur Sünde verführenden Teufelseinrichtungen findet offenbar wenig Beachtung.

Arrangiert werden solche feuchten Festivitäten oft vom Barbier des Hausherrn. Denn Friseure pflegen nicht nur Haare und Bart zu stutzen, sie

Familienfeiern arten in Straßenfeste aus

setzen auch Schröpfköpfe auf, verbinden Wunden, amputieren sogar unter Aufsicht des Obermeisters Arme und Beine und veranstalten für besonders gute Kunden Festlichkeiten, und eben auch Gelage in Badehäusern.

Chirurgen und Bartscherer werden denn auch zu den unehrlichen Berufen gezählt.

Proviant brauchen die Badegäste der damaligen Zeit nicht einzupacken. Zu essen und zu trinken gibt es in den Etablissements mehr als genug. Diener und Dienerinnen reichen Speisen und Getränke an, während sich die Kundschaft wohlig in den großen Bütten wärmt, schwatzt und bei Saiten- und Flötenspiel schmaust. Mit Badekostümen nach neuester Mode können die Damen nicht glänzen. So etwas gibt es nicht. Männlein und Weiblein steigen textillos in die Bütten.

Besonderes Vergnügen

Schon in germanischer Zeit gehörte das regelmäßige Bad zur gewohnten Körperpflege aller Schichten. Bis zum 12. Jahrhundert war es allerdings mehr ein privates Vergnügen gewesen. Holzbottiche mit warmem Wasser wurden in einem der Räume, sofern man die Auswahl hatte, oder im Freien aufgestellt. Diener oder Familienmitglieder rieben den Badenden mit Seife ab, brachten die Haut durch Schläge mit Reisigbüscheln zum Prickeln und massierten die Glieder mit Ölen.

Erst mit der Entwicklung der Städte kommen öffentliche Badehäuser und vor allem Schwitzbäder auf und werden zu einem beliebten gesellschaftlichen Treffpunkt. Wer seinen Untergebenen nach harter Arbeit ein besonderes Vergnügen bereiten will, schickt sie ins Bad und läßt sie dort bewirten. Nicht selten soll das gemeinsame Vergnügen über die reinen Wasserfreuden hinausgegangen sein.

Zur Strafe
Wein entzogen

Für Kinder ist das Leben im Mittelalter alles andere als ein Kinderspiel. Wenn sie die Babyjahre überlebten – die Kindersterblichkeit ist groß –, bleibt ihnen nicht viel Zeit für eine unbefangene Kindheit. Schon mit zehn oder zwölf Jahren endet die Kindheitsphase. Das praktische Leben gilt als beste Schule. Nur langsam wird Lehrern und Schulen die Aufgabe übertragen, den Kindern Lesen, Schreiben, Rechnen und ein wenig Latein beizubringen. Kinder werden wie kleine Erwachsene zwar ernst genommen, aber auch früh zur Selbständigkeit gezwungen. Mit vierzehn Jahren sind Mädchen heiratsfähig, sie müssen dann einen Haushalt führen können.

»Auf St. Gregor in den Fasten gingen die Schüler von St. Jakob und St. Georg in den Häusern herum, um zu hören, ob da Kinder wären, die man auf die Schule tun wolle. Wie sie zu uns auf Weinsberg kamen, bewilligten meine Eltern, daß sie mich mitnähmen. Ich war sieben Jahre alt. Der Schulmeister hieß Magister Antonius Wipperfurdis.«

Wieder einmal ist es der Kölner Ratsherr Hermann von Weinsberg, der mit seiner Lebensbeschreibung Einblick in die sonst so spärlich überlieferten Alltagsereignisse aus früheren Jahrhunderten bietet. Weinsberg sagt auch, was ihm beigebracht wurde: »Auf dieser Schule hab ich angefangen still sitzen und schweigen zu lernen, hab auch das ABC lesen und schreiben gelernt, das Paternoster, Ave Maria, Benedicte, Gratia, den Donatus (gemeint ist ein spätantikes Lehrbuch der Grammatik), Evangelia, hab auch Choral singen gelernt. Dieser Schulmeister hielt die Schüler sehr strenge, und er hat mich auch oft geschlagen, gewiß nicht wegen meiner Tüchtigkeit.«

Eine allgemeine Schulpflicht gibt es noch nicht. Zu Beginn des Mittelalters können fast nur die Kleriker lesen und schreiben. Auf dem Gebiet der schriftlichen Bildung nimmt der Klerus eine Monopolstellung ein. Die ersten Schulen, auf denen angehende Kleriker ausgebildet werden, gründen die Stifte und Klöster.

Über die Ausbildung von Mädchen ist wenig bekannt. Bereits im 13. Jahrhundert reichen die Schulen von Stiftskirchen und Abteien offenbar kaum noch aus, um die vielen bildungswilligen Bürger aufzunehmen. Bald treten die Schulen neuer Bettelorden als Konkurrenz zu den traditionellen Bildungseinrichtungen auf.

Urkunden und Briefe werden im 12. und 13. Jahrhundert zum überwiegenden Teil noch in Latein verfaßt. Deshalb gehört denn auch das Pauken von Latein neben dem Auswendiglernen der Bibeltexte zu den Hauptbeschäftigungen der Schüler.

Mit Griffeln aus Knochen oder Bronze werden Texte in Wachs- oder Holztäfelchen (zu sehen in der Ausstellung des Kölnischen Stadtmuseums) geritzt. Schulbücher sind noch unbekannt. Vorgetragenes oder Vorgelesenes, meist

Schreibgriffel, Köln, 13. Jhdt.

Wachstafelbuch mit Notizen, Köln, 14. Jhdt.

sind es kirchliche Texte, müssen notiert und auswendig gelernt werden. Der Buchdruck kommt erst Mitte des 15. Jahrhunderts auf.

Viele Kinder lernen Lesen und Schreiben von den Eltern, sofern diese nicht zu den Analphabeten zählen. Nur Familien, die es sich finanziell leisten können, engagieren Privatlehrer oder schicken ihre Söhne (die Mädchen gingen meist nicht zur Schule) auf Kirchen-, Kloster- oder Stiftsschulen. Städtische Schulen gibt es erst im späten Mittelalter.

Der aufblühende Wohlstand der Handwerker weckt wohl bei manchen Eltern den Ehrgeiz, den Sohn in eine andere Gesellschaftsschicht aufsteigen oder Kleriker werden zu lassen. Ein Pädagoge der damaligen Zeit hat Mitleid mit den oft überforderten Handwerkerkindern und redet den Eltern ins Gewissen: »Darum, ihr Herren und ihr Frauen, ihr sollt eure Kinder nicht mit Härte zum Lernen zwingen. Wenn ihr seht, daß sie nicht gerne lernen, dann sollt ihr es ihnen erlassen und aus dem Sohn einen Laien machen, einen Krämer, Schuster oder was immer es sei.«

Herumfahrende Schüler

Verwunderlich aus heutiger Sicht ist die Einrichtung der herumfahrenden Schüler, der »Schützen«. Ältere Schüler holen sich einen Jüngeren als Lehrling an ihre Seite und gehen mit ihm auf Wanderschaft. Die Ausbildung erschöpft sich dabei nicht selten in Singen, Betteln oder Stehlen, wenn das Geld ausgeht. Oft trifft man fahrende Schüler auch in Gasthäusern an, wo sie wie die Erwachsenen bedient werden. Der Alkoholgenuß ist unter Jugendlichen stark verbreitet. Nur so ist es zu verstehen, daß eine oft angewendete Strafe im Entzug von Wein besteht.

Im Mittelalter läuft das Leben der Jugendlichen sehr eigenständig neben dem der Erwachsenen her. Wer nach Bildung strebt, geht am besten ins Kloster. Wer dort Aufnahme findet, hat durchaus die Chance, philosophische und naturwissenschaftliche Studien betreiben zu können. Die Äbtissin Hildegard von Bingen zum Beispiel wird berühmt wegen ihrer hohen Bildung und ihrer unerschrockenen Kritik an der Gottlosigkeit der Oberen. Auch in Köln hält sie in feurigen Reden den Klerus an, zu Armut und Demut zurückzukehren.

Köln erhält eine Universität

Die Kölner Stifte und Klöster sind berühmte Stätten mittelalterlicher Gelehrsamkeit. Bekannt ist vor allem seit dem neunten Jahrhundert die Domschule, die jedoch angehenden Klerikern vorbehalten bleibt. Für sie ist der Unterricht kostenlos.

Schon im 13. Jahrhundert ist es nicht ungewöhnlich, daß reiche Familien ihre Söhne zum Studium ins Ausland, nach Italien oder Frankreich, schicken.

Einer der bekanntesten Gelehrten ist der Kirchenlehrer Albertus Magnus, dessen Grab sich in der Krypta von St. Andreas befindet. Albertus Magnus, ein ungewöhnlich weltgewandter, politisch und wissenschaftlich informierter Mann, der in Paris studierte, übernimmt in Köln 1248 die Leitung des neu gegründeten »studium generale« an der Ordenshochschule der Dominikaner. Einer seiner Schüler ist der berühmte Thomas von Aquin.

Mehrmals wird Albertus Magnus bei Streitigkeiten der Bürger mit dem Erzbischof um seinen Schiedsspruch gebeten. In seine Zeit fällt eine neue philosophische Betrachtungsweise der Umwelt. In einer Schrift über Albertus Magnus

Spätmittelalterlicher Schulbetrieb, Umkreis des Meisters von St. Severin, Köln um 1520. Als Leihgabe des Wallraf-Richartz-Museums im Kölnischen Stadtmuseum schreibt der Direktor des Kölnischen Stadtmuseums Werner Schäfke: »Die bisher als übermächtig und unberechenbar erlebte Natur wird beobachtbar, berechenbar, meßbar. In diesen Jahrzehnten entsteht die mechanische Uhr, die die Zeit von der Länge des Tages unabhängig macht.«

Ein Jahrhundert später, 1388, erhält Köln als vierte deutsche Stadt eine Universität nach dem Vorbild von Paris. Trotzdem ist es etwas ganz Neues: Zum ersten Mal leisten sich Bürger eine eigene, von ihnen finanzierte Universität. Mit 700 Studenten und 21 Professoren (viele kamen aus Paris) bringt es Köln schnell zu geistigem Ansehen. Auf ihrem Weg zum mündigen Bürger haben es die Kölner geschafft, der Kirche und dem Adel ein weiteres Privileg zu nehmen.

Tausend Messen für eine Seele

So inbrünstig und leidenschaftlich die Menschen des Mittelalters ihr Dasein auf Erden mit allen Höhen und Tiefen durchlebten, so intensiv bereiteten sie sich auch auf ihren Tod und vor allem auf ein Leben im Jenseits vor. Kaum etwas ängstigte einen Gläubigen mehr als der Gedanke, überraschend und damit unvorbereitet, ohne Beichte, letzte Kommunion und Krankensalbung sterben zu müssen. Das geht aus vielen jahrhundertealten Testamenten hervor, die

Armbrustbolzen mit Herstellermarken, 14. Jhdt.

noch heute im Kölner Stadtarchiv aufbewahrt werden. Wer es sich finanziell leisten konnte, stiftete aus Angst vor Fegefeuer oder gar Hölle einen Teil seines Vermögens der Kirche, um nach dem Tode Hunderte von Messen für sein Seelenheil lesen zu lassen.

10 000 Testamente erhalten

»Da nichts so sicher ist wie der Tod und nichts so unsicher wie die Stunde des Todes, möchte ich mein Testament machen, um für meine Seele zu sorgen. Auch will ich unter Verwandten und Nachbarn allen Streit um die Güter, die mir Gott verliehen hat, vermeiden.« Mit dieser oder einer ähnlichen Floskel und mit einem Gang durchs Zimmer zum Beweis für die Wachheit der Sinne pflegen im Mittelalter viele Kölner ihren letzten Willen einzuleiten.

Die rund 10 000 im Stadtarchiv erhaltenen Testamente aus dem 13. bis 18. Jahrhundert sind für Historiker eine fast unerschöpfliche Fundgrube, um Einblicke in die Lebensumstände der Menschen früherer Zeiten zu erhalten.

Der Kölner Historiker Arnold Lassotta hat rund 3000 Testamente gelesen und aus dem Lateinischen oder Rheinfränkischen übersetzt. Dabei fiel ihm auf, daß die Menschen des Mittelalters ihre Testamente verhältnismäßig nüchtern verfaßten. Je weiter die Neuzeit voranschreitet, desto ausführlicher werden die Urkunden und desto häufiger werden ganze Familiengeschichten wiedergegeben.

Kaum eine andere Stadt besitzt so viele noch erhaltene mittelalterliche Testamente wie Köln. Die ältesten, aus der Zeit um 1280, stammen von Klerikern. Eines der ersten Bürgertestamente trägt das Jahresdatum 1302, und das eigenwilligste Testament den Namen der Witwe Drutgyn. Entweder war sie eine besonders sündige oder besonders ängstliche Frau oder beides zusammen. Auf jeden Fall fällt die Sorge um ihr Seelenheil aus dem Rahmen. Denn sie bestimmt, daß schon vor ihrem Tod etwa 100 Messen für sie gelesen werden sollen. Ihrer Schwester verspricht sie mehrere Fässer Wein unter der Voraussetzung, daß diese die Kölner Römerfahrt, eine Wallfahrt innerhalb der Kölner Kirchen, unternimmt. Dabei muß sie für ihre Schwester Drutgyn beten und Ablaßbriefe mitbringen, die der Schwester auf dem Totenbett einmal vorgelesen werden sollen.

Der eigentliche, jedoch selbst für die damaligen frommen Zeiten ungewöhnliche Heilsaufwand, soll erst mit der Stunde ihres Todes beginnen. Dann sollen 30 bis 40 Messen in der Kirche gelesen werden, wo sie begraben wird. Außerdem sollen mindestens 50 Nonnen oder arme Ordensschwestern herbeigerufen und mit je einem Gulden belohnt werden. »Jeder Priester, der zur Zeit meiner Exequien Messe liest, soll zwei Gulden erhalten, ein Priester, der mehrere Jahre täglich am Grab eine Messe liest, soll fünf Gulden bekommen.«

Priester erben Rente

Schließlich wünscht sie, daß aus der Seide ihrer Kleider Meßgewänder gemacht werden, bestickt mit ihrem Familienwappen. In der Kirche St. Kolumba solle täglich eine Glocke für sie geläutet werden.

Frau Drutgyn gehört zu jenen Kölnern, die der Nachwelt im Testament Einzelheiten des Familienlebens überliefern. So schreibt sie über den Krach mit ihrem ältesten Sohn, der von der Magd des Hauses verführt worden ist. Die Magd hat ihn dann auch noch aus dem Kloster geholt und geheiratet. Frau Drutgyn verhehlt in ihrem Testament nicht, daß sie unter dieser unstandesgemäßen Verbindung gelitten hat und die Schwiegertochter deshalb auch nichts von ihr erhält. Stattdessen sollen zwei Priester eine Leibrente von einigen Gulden bekommen.

In einem der anderen im Stadtarchiv aufbewahrten Testamente heißt es, daß sich »Tochter Else nicht genug um uns Eltern gesorgt hat. Darum soll sie nichts von unseren Gütern erhalten.«

Früher war es üblich, auch die Kirche in Testamenten reichlich zu bedenken. Für viele Priester sind die Einkünfte aus Erbschaften der einzige Lebensunterhalt. Verständlich, daß mancher Geistliche darauf bedacht ist, mehrere solcher Pfründen zu erhalten, auch wenn dadurch das Beten für Tote fast zur seelsorgerischen Hauptbeschäftigung wird. In manchen Testamenten sorgen Gläubige, sofern sie ausreichend Geld besitzen, dafür, daß über Jahrhunderte für ihre Erlösung im Jenseits Messen gelesen werden. Die Zahl von 1000 Messen zum Segen einer einzigen Seele war keine Seltenheit. Wer es sich irgend leisten kann, bedenkt auch immer Stifte, Klöster und Hospitäler mit Spenden. Und vielfach wird auch eine Spende für den Dombau nicht vergessen.

Textilien so wertvoll wie Immobilien

Der Gedanke an den Tod scheint bei manchem Reue ausgelöst zu haben. So ist in dem aus dem Jahr 1395 noch erhaltenen Testament des ehrsamen und bescheidenen Mannes und Bartscherers Henricus dictus Loyff, wohnhaft nahe dem Heumarkt, zu lesen: »Vor allem anderen sollen meine Schulden bezahlt und unrechtmäßig erworbenes Gut zurückerstattet werden.« Er verhehlt auch nicht, daß er dem Tilekino de Adenauwe den Zins für zwei Jahre für sein Haus schuldet, »die ich im Zorn nicht bezahlt habe«.

Zu den kostbaren Dingen, die man vererbt, gehören vor allem Kleider. Textilien sind manchmal fast so wertvoll wie Immobilien. So ist der

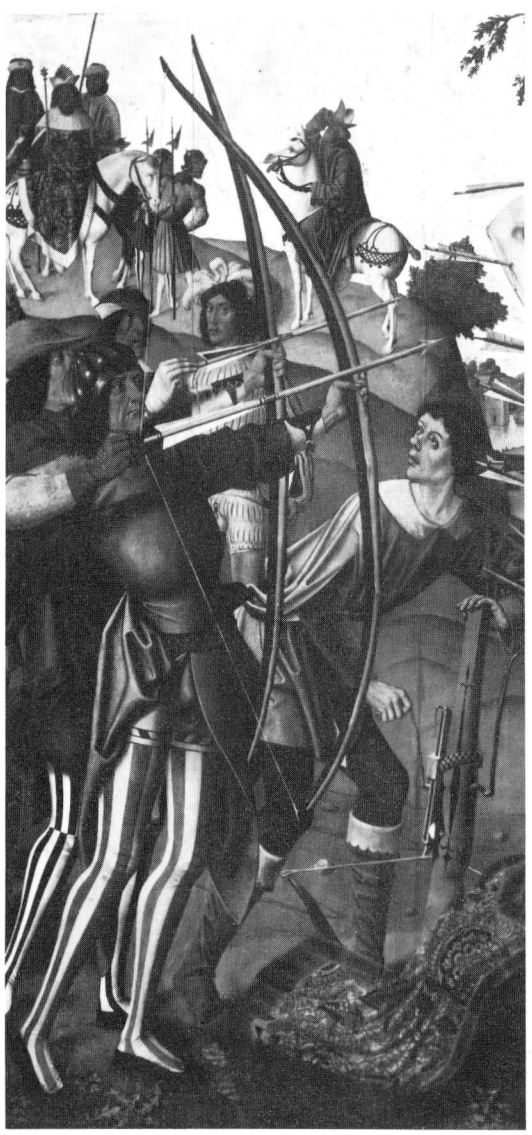

Als preiswertes und wirksames Kriegsgerät besaß fast jeder Bürger eine Armbrust. Bogenschützen und ein Armbrustschütze: Ausschnitt aus der Mitteltafel des Sebastiansaltars des Meisters der Heiligen Sippe, Köln um 1494, Wallraf-Richartz-Museum

überlieferte Text in einem Testament nicht selten: »Seinem Treuhänder vermachte er seinen Panzer und seinen Helm sowie einen Rock mit Futter aus Marderfell und dessen Frau Drude einen blauen, mit Pelz gefütterten Rock seiner verstorbenen Frau und ihrem Sohn Hermann einen grauen Rock mit schwarzem Lammfellfutter.«

Wein für die Armen

Frauen vermachen oft einer Freundin »ihr bestes schwarzes Schultertuch« oder auch eine pelzgefütterte Jacke. Silberschüsseln und -kannen werden in den Testamenten genauso erwähnt wie Säcke voller Roggen und Weizen oder Fässer voll Wein (»und zwar von dem besseren«), die an einen Freund gehen sollen. Bartscherer Henricus dictus Loyff wollte außerdem, daß »drei Fäßchen Wein an die Armen ausgeteilt werden«. Da die Reichen in der Darstellung ihres Reichtums keine Scheu kennen, ist es nicht weiter verwunderlich, daß auch Beerdigungen manchmal übertrieben luxuriös abgehalten werden. Der Aufwand ist oft derart provozierend, daß der Rat besondere Verbote erläßt, die meist jedoch nicht beachtet werden.

So treibt der Kölner Kaufmann Matthias vom Spiegel 1327 beim Begräbnis seines Vaters einen solchen Luxus an golddurchwirkten Stoffen und an Kerzen »baldekinis et candelis«, daß ihn der Rat zu 20 Mark Strafe verurteilt.

Als Matthias nicht daran denkt zu bezahlen, wird die Strafe auf 30 Mark erhöht. Das ist nicht gerade wenig – das Jahresgehalt eines städtischen Bediensteten liegt bei 60 Mark.

Und wie sehen die Testamente heutiger frommer Kölner aus? Mit gewisser Genugtuung stellt man zum Beispiel im Erzbischöflichen Generalvikariat fest, daß seit etwa zwei Jahren die Kirche wieder häufiger zu Vermächtnissen kommt

als früher. Manche Gläubige bedenken ihre Pfarrkirche wie eine gute Verwandte und vermachen ihr komplett eingerichtete Häuser, Schmuck oder Briefmarkensammlungen. Möbel und sonstige schlecht zu veräußernde Güter gibt die Kirche an karitative Einrichtungen weiter.

Kirche prüft Erbschaft

Keineswegs blind für weltliche Schwierigkeiten, prüft die Kirche nach Aussage eines Mitarbeiters am Generalvikariat vor Annahme erst einmal die Qualität der Erbschaft. »Denn gelegentlich gehören ja auch Verbindlichkeiten dazu.« Eine Sitte hat sich in Köln seit dem Mittelalter fast ungebrochen erhalten: Meßstiftungen und die oft damit gekoppelte Verpflichtung für die Kirche, das Grab des Gönners zu pflegen. Auch heute noch lassen sich Gläubige eine entsprechende kirchliche Urkunde für Messen ausstellen, die einmal im Jahr nach ihrem Tode für ihr Seelenheil gelesen werden sollen, oft über eine Zeit von 30 bis 50 Jahren. Der Mindestsatz für solche Heilsvorsorge lag 1983 bei 150 Mark für eine einfache, stille Messe und bei 300 Mark für ein Hochamt.

Da auch Kirchenvermögen nicht vor Inflationsentwicklungen gefeit ist und keiner genau weiß, was von einer Erbmasse in 50 Jahren noch übrig geblieben ist, gibt es inoffizielle kirchliche Bestrebungen, die Dauer der Meßstiftungen auf 20 Jahre zu begrenzen. Die halb ironisch, halb ernst gemeinte Erklärung des verstorbenen Dompropstes Heinz Werner Ketzer dazu: »Wenn einer nach 20 Jahren noch nicht im Himmel ist, schafft er es sowieso nicht mehr.«

Henker
überwacht Dirnen

Seit Generationen sind die Kölner für ihren selbstbewußten Umgang mit der Obrigkeit bekannt. Und es gibt in der Stadtgeschichte eine Menge Gegenbeispiele zu der Redensart »Die Kleinen hängt man, die Großen läßt man laufen«. Im Mittelalter war es nicht ungewöhnlich, daß die Großen dieser Stadt für Mißwirtschaft und Fehltritte bezahlen mußten – manchmal sogar mit dem Leben. Denn die Kölner vertrieben nicht nur Kaiser und Erzbischof aus ihren Mauern, sie scheuten sich auch nicht, die Köpfe der reichsten und mächtigsten Bürger um der Ge-

Hinrichtungen waren wie große Schauspiele

rechtigkeit willen rollen zu lassen. Die mittelalterliche Justiz urteilte und verurteilte schnell. Henker waren gleichzeitig auch Zuhälter.

Hinrichtungen waren im Mittelalter große Schauspiele, die Tausende Zuschauer anlockten, ähnlich wie heute Fußballspiele oder Boxkämpfe. Die Wogen der Emotionen gingen hoch, Tränen flossen. Opfer, Zuschauer und manchmal sogar der Henker weinten. Des öfteren findet man in Chroniken Sätze wie: »Eine Menge Volkes gab es dort, und so gut wie alle weinten heiße Tränen.« Das Mitleid mit dem Verurteilten ging allerdings nicht so weit, daß die Masse sich das Schauspiel des Köpfens, Hängens oder Folterns entgehen ließ.

Manchmal ging es den Opfern sogar selbst darum, für einen großen Abgang zu sorgen. Nicht selten wurden sie theatralisch – wie jener Adelige, von dem berichtet wird: »Hoch oben auf einem Karren sitzend fährt er zum Schafott, zwei Trompeter voran. Er trägt sein Staatsgewand, Kappe, Wams und Hose, goldene Sporen an den Füßen. Mit goldenen Sporen hängt die Leiche am Galgen.«

Die Zuschauer schätzten solche Auftritte. »Und sein Ende war als das schönste gerühmt, das man je gesehen hatte«, heißt es an anderer Stelle.

Verschwörer geköpft

Der Kölner Ratsherr Hermann von Weinsberg schildert in seiner Chronik mehrfach Hinrichtungen. Als Kind erlebte er, wie drei Raubritter geköpft wurden: »Mein Oheim setzte mich hinter sich auf sein Pferd, so daß ich des Grafen Hinrichtung sehen konnte. Dem wurden beim Kopfabhauen die Daumen und Finger mit abgehauen, die anderen Köpfe, als die abgeschlagen wurden, rollten mir vor die Füße, worüber ich sehr erschrak.«

Zu den spektakulärsten Hinrichtungen Ende des 14. Jahrhunderts dürften in Köln die des Stadtschreibers Gerlach vom Hauwe und des Kaufmanns Hermann von Goch gezählt haben. Beide hatten an Verschwörungen der Patrizier gegen das Volk teilgenommen. Im September 1396 stand Hauwe noch auf der Seite der Bürger, die gegen die verhaßte Herrschaft der Patrizier in Köln kämpften. Er hatte sogar den Text für den Verbundbrief ausgearbeitet, eine für die

Was damals geschah:

1406: Der Bau des Rathausturmes wird vom Rat beschlossen. Der Turm gilt als Symbol für die neu geschaffene Verfassung. In späteren Jahren wird er manchmal als Büro, manchmal als Waffenkammer und auch als Archiv genutzt.

1415: Der Reformator Johannes Hus wird als Ketzer in Konstanz verbrannt.

1424: Die Kölner Juden werden erneut, diesmal ganz aus der Stadt vertrieben. Erst nach 1794 dürfen sie sich wieder in Köln ansiedeln.

1426: An der Stelle der jüdischen Synagoge wird die Rathauskapelle erbaut.

1437–1444: Der Bau des Gürzenich entsteht, bis heute Festhaus der Bürger.

Ab **1445** malt der Kölner Künstler Stefan Lochner für die Ratskapelle das berühmte Bild der Stadtpatrone, das heute als Dombild bezeichnet wird.

1474: Die Stadt erhält von Kaiser Friedrich III. das Münzrecht. Vorher prägte nur der Kölner Erzbischof. Der Kaiser will sich dadurch rechtzeitig einen Bundesgenossen in der Auseinandersetzung mit Karl dem Kühnen, Herzog von Burgund, sichern.

Entwicklungen:

1464: Ulrich Zell führt die Erfindung des Johannes Gutenberg aus Mainz, den Buchdruck mit beweglichen Lettern, in Köln ein.

Stadt bedeutende demokratische Urkunde, die allen Bürgern gleiche Rechte (jedoch kein Frauenwahlrecht) garantieren sollte. Und dann war Hauwe aus opportunistischen Gründen doch wieder auf die Seite der Patrizier übergelaufen.

An der Spitze einer kleinen Gruppe erbitterter Gegner der demokratischen Ordnung standen außer ihm noch zwei in Köln bekannte Männer: Hilger von der Stessen und eben der erzbischöfliche Siegelbewahrer, einer der reichsten Männer der Stadt, Hermann von Goch. Die Verschwörung wurde aufgedeckt, die drei Aufsässigen wurden gefangengenommen und enthauptet. Da es sich um Leute von Rang handelte, wurden die Hinrichtungen auf dem Heumarkt zu einem besonderen Spektakel. Viel Volk strömte zusammen.

Köpfe in schwarzem Tuch

Zu Ehren der vordem als ehrenwert geltenden Opfer wurde der Richtplatz mit schwarzer Seide ausgelegt, und auch ihre Köpfe wurden in schwarzen Tüchern aufgefangen.

In einer Analyse sozialer Randgruppen im Spätmittelalter, zu denen der Historiker Franz Irsigler die Bettler, Dirnen und Henker zählt, wird festgestellt, daß auch die Henker durch auffallende Kleidung (blutroter Scharfrichtermantel, spitze rote Mütze) bewußt zum Schauspielcharakter der Hinrichtungen beitrugen. »Oft kam der Henker hoch zu Roß, das Richtschwert an der Seite in prächtiger Kleidung.«

Ein geschickter Henker, dem es gelang, das Haupt eines Opfers mit einem einzigen Streich vom Rumpf zu trennen, war des Beifalls der Menge sicher. Denn eine Hinrichtung mit einem Schwert erforderte Kraft und Geschick. Versagte der Henker, geriet er in Gefahr, von der aufgebrachten Menge gelyncht zu werden.

Trotzdem kam es nicht selten vor, daß Opfer entsetzlich leiden mußten, weil der Henker mehrmals sein Ziel verfehlte. »Der grausame Reiz und die grobe Rührung, die vom Schafott ausgehen, bildeten einen wichtigen Bestandteil der geistigen Nahrung des Volkes. Es waren Schaustellungen mit Moral«, so versucht Johan Huizinga, die uns heute nur schwer verständlichen Reaktionen des spätmittelalterlichen Menschen zu erklären. Das tägliche Leben bot viel Raum für Leidenschaft und Pathos. Jahrhundertelang spielte bei Rechtsstreitigkeiten die Blutrache eine wesentliche Rolle.

Der Beruf des Henkers, Nachrichters oder Scharfrichters, wie er auch genannt wurde, kam erst verhältnismäßig spät auf. Früheste Zeugnisse weisen ins 13. Jahrhundert.

Von der Gesellschaft ausgestoßen

Von Anfang an war der Henker eine städtische Amtsperson. Trotzdem galt der Mann, der in öffentlichem Auftrag tötete, in der Gesellschaft als Ausgestoßener. Anerkennung wurde ihm nur zuteil, wenn er über naturheilkundliche Kenntnisse verfügte oder sich magischer Kräfte rühmte. Oft war er auf das Richten von Knochenbrüchen und ausgerenkten Gliedern spezialisiert. Die gesellschaftliche Isolierung führte dazu, daß sich Henkerdynastien bildeten. Man war versippt und verschwägert.

Doch selbst der Henker, der so gering Geachtete, hatte noch jemanden, auf den er hinuntersehen konnte: die Dirne. In Köln und in anderen Städten war dem Henker Schutz und Aufsicht über die »gemeinen Fräulein« übertragen, die ihm Abgaben zahlen mußten.

Das Dirnenproblem war damals genausowenig lösbar wie heute. Es gab öffentliche, quasi legale Prostitution in städtischen oder landesfürstlichen »Eroscentern«, den Frauenhäusern. Und

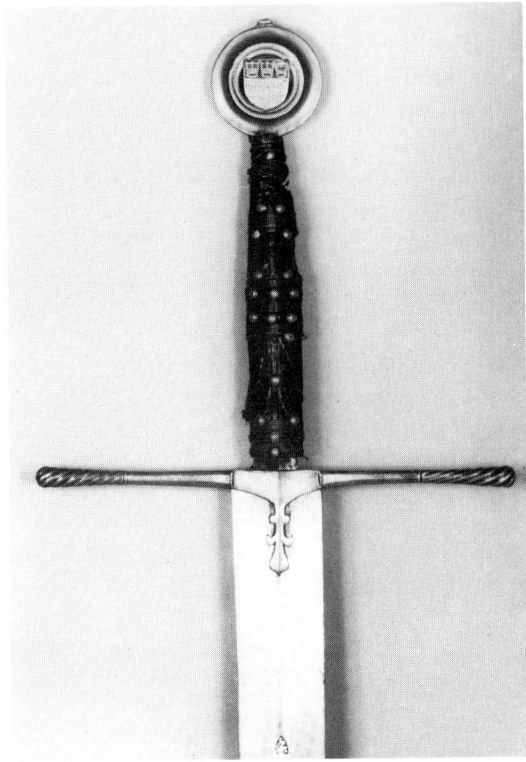

Richtschwert der Stadt Köln, Ende 15. Jhdt., Kölnisches Stadtmuseum

daneben machten die Callgirls von damals ihre Geschäfte, allerdings nicht im eigenen Appartement, sondern als fahrende Frauen oder Bettlerinnen. Gegen die Illegalen versuchten sich, ähnlich wie heute, die offiziell gemeldeten, fest ansässigen Dirnen zu schützen. Im späten 15. Jahrhundert bekämpfte man die »wandernden« Dirnen auch, weil sie die Syphilis verbreiteten. Dirnen gehörten zum Troß spätmittelalterlicher und frühneuzeitlicher Landsknechtheere. Im Heer Karls des Kühnen sollen bei der Belagerung von Neuss (1474/75) nicht weniger als 4000 Freudenmädchen die Soldaten bei Laune gehalten haben. Die Ballung von Unmoral wurde allerdings durch die Anwesenheit von fast 2000 Geistlichen ausgeglichen.

Nach Recherchen des Historikers Franz Irsigler versuchte der Kölner Rat die Prostitution mit besonderen Regelungen in den Griff zu bekommen. Zur besseren äußeren Unterscheidung von ehrbaren Frauen sollten die Gunstgewerblerinnen gelbe (in anderen Gegenden rote) Kopftücher tragen und in speziellen Frauenhäusern wohnen, die seit dem 13. und 14. Jahrhundert zum Stadtbild gehörten.

Dirnenhaus bei St. Kolumba

Bereits 1286 ist ein Dirnenhaus in der Häuserliste der Pfarre St. Kolumba (heute Schwalbengasse) verzeichnet. Weitere Häuser standen auf dem Berlich. Gleich nebenan befand sich ihr Friedhof. Die Berlich-Huren waren, wie der Kölner Ratsherr Hermann von Weinsberg schrieb, »in einem solchen Zustand der Verdammnis, daß sie nicht wie Christen zu den Sakramenten zugelassen waren und auch nicht in geweihter Erde begraben werden durften«.

Der Kölner Humanist Peter Rinck war einer der wenigen Kölner, der Mitleid mit den Gestrauchelten hatte. Er vermachte den Dirnen auf dem Berlich 400 Gulden. Damit sollten sie sich aus der finanziellen Abhängigkeit freikaufen. Die Verteilung der Gelder überließ er einigen Beichtvätern. Ob das Geld zur Rettung beigetragen hat oder ob es in feuchtfröhlicher Runde auf den Kopf gehauen wurde, ist nirgendwo verzeichnet.

Wie auch immer: Im Lauf der Zeit wurden die Dirnen von Henkern und Kupplerinnen zunehmend unabhängiger. Im 15. Jahrhundert organisierten sie sich nach dem Vorbild der Handwerker sogar zum Beispiel in Nürnberg in einer eigenen Zunft – ohne Lehrzeit und Meisterprü-

Leichtes Mädchen. Heller Pfeifenton, Köln, Anfang 16. Jhdt., Kölnisches Stadtmuseum

fung freilich. Zu ihrer Schutzpatronin wählten die Dirnen sich Maria Magdalena. Sie ist es nach Auskunft Kölner Kleriker bis heute geblieben.

Bestie und
Bürgermeister

Geschichte hat fast immer etwas mit Geschichten zu tun. In kaum einem Zeitalter blühte die Phantasie der Menschen so üppig wie im Mittelalter. Erzählungen und Sagen entstanden. Einige sind bis heute lebendig, wie die Geschichte der Richmodispferde, der Weckschnapp, des Bürgermeisters Gryn, der mit einem Löwen kämpfte, oder vom Apfel des Hermann Joseph in der Kirche St. Maria im Kapitol. Es gibt aus dem mittelalterlichen Köln Geschichten, die bis heute Spuren im Stadtbild hinterlassen haben. Die Vorstellung, was ein Kölner des 12. oder 13. Jahrhunderts bei einem Stadtbummel durch das Köln des 20. Jahrhunderts sagen würde, ist interessant. Einiges würde er sicher wiedererkennen: die romanischen Kirchen, das Rathaus und die Stadtmauer. Staunend würde er auf den vollendeten Dom blicken und auf die Rheinbrücken, die es im Mittelalter nicht gab.

In der Altstadt, in der heute etwa so viele Menschen leben wie damals, wäre ihm der Boden vertraut, zumal manche der Straßennamen erhalten geblieben sind. Irritiert wäre er vermutlich von der Kleidung der Männer. Zu seiner Zeit waren die Herren der Schöpfung prächtiger angezogen als die Frauen.

Bei einer Stadtrundfahrt könnte der Besucher aus dem Mittelalter sicher einige der Geschichten, die über alte Bauten erzählt werden, korrigieren. Schließlich kennt er die Fakten aus erster Hand. So würde er zum Beispiel die Sage über die Richmodispferde mit einer gewissen Skepsis anhören, die an einem aus dem 16. Jahrhundert

stammenden Turmbau in der Richmodstraße angebracht sind. Vermutlich waren die Pferde nämlich nichts weiter als Teil des Hauswappens der reichen Familie von der Aducht, die sich am Neumarkt um 1500 einen Palast, das sogenannte Hackeneysche Haus, baute. Dieses Haus war so attraktiv, daß dort die Kaiser Maximilian I. und Karl V. abstiegen.

Die Sage erzählt, daß die Gemahlin des edlen Ritters Mengis von der Aducht, die schöne Richmodis, 1357 an der Pest starb und einen Tag vor der Beerdigung in einem Sarg zum Friedhof von St. Aposteln gebracht wurde. In der Nacht hätten Totengräber den Sarg aufgebrochen, um den Schmuck der Toten zu rauben. Als die scheintote Richmodis sich plötzlich bewegt habe, seien die Diebe davongestürzt. Richmodis habe sich, im weißen Totenhemd nach Hause geschleppt.

Die Dienstboten hätten sich gefürchtet, und der gramerfüllte Ehemann hätte nicht an die Rückkehr seiner Frau glauben wollen. »Es müßten wohl meine beiden Rösser die Stiege hinan kommen, um mich zu rufen, ehe ich glauben wollte, Richmodis wäre im Leben.« Darauf seien die Pferde die Treppe hinaufgestürmt.

Die Legende vom Apfel

Eine andere, bis heute in Erinnerung gebliebene Geschichte stammt aus dem 12. Jahrhundert. Es ist die Legende vom Apfel des heiligen Hermann Joseph, des braven Kindes eines armen Schusters aus der Stephanstraße. Jeden Morgen habe er auf dem Weg in die Domschule der Muttergottesfigur in der Kirche St. Maria im Kapitol einen kurzen Besuch gemacht, ihr anvertraut, was ein Kinderherz bewegte, und ihr eines Tages seinen Frühstücksapfel hingehalten. Und da soll das Wunder geschehen sein: Die Gottesmutter, wird erzählt, habe den Apfel genommen, dem Jesuskind gegeben, und das habe herzhaft hineingebissen. Hermann Joseph wurde ein gelehrter Mönch. Papst Pius XII. sprach ihn heilig.

Kirchenfürst bekämpft

An die Legende erinnern der Hermann-Joseph-Brunnen auf dem Waidmarkt und die Madonnenfigur aus dem Jahr 1180 in der Kirche St. Maria im Kapitol. Gelegentlich legen Kinder dort heute noch Äpfel nieder, eine Bonner Schulklasse stiftete einen Plastik-Apfel.
Auf ein Relief über dem Eingang zum Historischen Rathaus und auf einer Steinplatte im Turm des Kölnischen Stadtmuseums ist die erfundene Sage vom Löwenkampf des Bürgermeisters Gryn aus dem Jahr 1262 dargestellt. Als Erzbischof Engelbert II. seinen Hader mit der Stadt hatte, kämpfte dieser Bürgermeister besonders hartnäckig gegen den Kirchenfürsten. Deshalb, wird erzählt, hätten zwei Domherren sich einen Löwen besorgt und den Bürgermeister gebeten, sich das Tier doch einmal anzusehen. Nach einem üppigen Essen hätten die beiden Männer den Gast durch die Gittertür gestoßen. Aber Gryn hätte den Mantel ausgezogen, ihn um den Arm gewickelt, diesen ins Maul des Löwen gestoßen und die Bestie mit seinem Schwert getötet.
Die Attentäter, heißt es weiter, seien am selben Tag nahe der Straße Unter Fettenhennen gehängt worden.
Schauergeschichten werden über die Weckschnapp in der Nähe der Kirche St. Kunibert erzählt. An der Decke dieses Gefängnisses hätte eine Wecke (ein Gebäck aus süßem Weißbrotteig) gehangen, und wer hungrig danach gesprungen sei, habe eine Falltür über einem mit Schwertklingen gespickten Schacht ausgelöst. Kein Gefangener habe das überlebt.

Von einer verärgerten reichen Mutter wird erzählt, sie habe ihren nichtsnutzigen Sohn in den Turm sperren lassen. Später sei die Frau deshalb von bitterer Reue gepackt worden, sie habe nie mehr gelächelt und ständig gebetet. Doch eines Tages sei ein gutaussehender Mann zu ihr gekommen – ihr Sohn.
Fälschlich wird heute ein Turm schräg gegenüber der Bastei an der Rheinuferstraße, der von einem Architekten bewohnt wird, Weckschnapp genannt. Die echte Weckschnapp existiert seit dem Ende des 18. Jahrhunderts nicht mehr. Es ist fraglich, ob dort je Gefangene eingesperrt waren.

Schlacht an der Ulrepforte

Schließlich ist noch von der Schlacht an der Ulrepforte anno 1268 zu berichten, bei der ein armer Schuster namens Havenit (Habenichts) eine unrühmliche Rolle gespielt haben soll. Zwei Gruppen von Patriziern, »die Weisen« und »die Freunde«, stritten miteinander. Die aus Köln vertriebenen Weisen gewannen den Herzog von Limburg, den Kölner Erzbischof und einige unzufriedene Zünfte zu Verbündeten, um die Stadt zu überfallen. Der an der Stadtmauer wohnende Schuster, wird berichtet, habe unter seiner Hütte einen tiefen Tunnel durch die Stadtmauer gegraben, breit genug, um 500 Rösser und Reiter der Angreifer hineinzulassen. Wenn es wirklich so war, hat die List nicht gewirkt. Es kam zu einer blutigen Schlacht, und die Weisen wurden vertrieben.
Im 14. Jahrhundert entstand zum Andenken an diese Schlacht das erste weltliche Denkmal seit der Römerzeit in Deutschland, ein Relief an der Stadtmauer. Das Original ist im Stadtmuseum, an der Mauer wurde eine Kopie angebracht. Jedes Zeitalter spiegelte sich bisher in Anekdoten, Erzählungen oder Sagen. Ob eines fernen

Der Löwenkampf des Bürgermeisters Gryn, Gemälde (Ausschnitt), 16. Jhdt., Kölnisches Stadtmuseum

Was damals geschah:

19.9.1475: Kaiser Friedrich III. verleiht der Stadt Köln den Status einer freien Reichsstadt. Dieser Höhepunkt in der Verfassungsgeschichte Kölns ist gleichzeitig der Beginn des Niedergangs. Köln beginnt seine herausragende Bedeutung als Handelszentrum zu verlieren.

1492: Amerika wird entdeckt.
Köln gerät wieder an den Rand des wirtschaftlichen Geschehens.

Tages dergleichen auch einmal aus unserer Zeit erzählt wird? Da böte sich vielleicht der reiche Bankier an, der alles verlor und sich nur noch Kartoffelsuppe leisten konnte, oder das geheimnisvolle Gebäude in Wahn, mit den großen Betonpisten davor, auf denen Spatzen und Krähen landeten. Oder wird man sich an einen Regierungspräsidenten erinnern, der mitten in der Stadt sauren Wein hat wachsen lassen – wer weiß . . .?

Heirat macht
den Meister

Die Liebe ist seit Urzeiten eine Himmelsmacht, im Mittelalter bahnte sie zudem noch den Weg zum Meistertitel. Zwar konnten Handwerksgesellen auch auf normale Weise Meister werden, doch das war schwer. Leichter war es, die Tochter oder, was noch besser war, die Witwe eines Meisters zu heiraten. Für viele Gesellen, die eine Stelle suchten, ging sowieso der Weg an der Tochter des Hauses nicht vorbei. Mancher Handwerksmeister machte die Aufnahme eines Gesellen von dessen Eheversprechen abhängig. Diese Gepflogenheit hat sich seit dem Mittelalter ein wenig geändert, manches andere dagegen nicht. Bis heute bildet das Handwerk einen gesunden Teil der Kölner Wirtschaft, es ist nach wie vor in Zünfte beziehungsweise Innungen gegliedert, und es kämpft gegen Steuererhöhungen und gegen Schwarzarbeiter.

Reiche Zunft der Weber

Heinrich Medebruwer und sein Bruder Cono sind als besonders modebewußte Männer in der Stadt bekannt. Kein Wunder. Sie können sich Anzüge aus den elegantesten Stoffen und mit den neuesten Dessins leisten, weil sie die Stoffe selber herstellen. Beide sind Weber und gehören damit zu der Zunft der wichtigsten, reichsten, aber auch arrogantesten Handwerker.

Wie einige der Großunternehmer mit mehreren Webstühlen sind die Weberbrüder Medebruwer Hersteller und Händler zugleich. Wohnung und Werkstatt liegen am Griechenmarkt, Verkaufsräume am Heumarkt.

Es ist Montag, Spannung liegt in der Luft. An einem Webstuhl fehlt mal wieder der zweite Mann. »Das werde ich dem Bruno vom Lohn abziehen, und außerdem fliegt er raus«, schimpft Meister Heinrich. Wie fast alle Gesellen lebt Bruno im Haus des Meisters. Das ganze Mittelalter hindurch wird um den »blauen Montag« hart gerungen. Die Gesellen versuchen, ihn als Ausgleich für den langen Arbeitstag (montags bis samstags 8–12 Stunden) durchzusetzen – vergebens.

Streik liegt in der Luft

Der zweite Ärger, der an jenem Montag im Jahre 1370 in der Luft liegt: Die Webergesellen der Stadt drohen mit Streik, weil ihnen eine Lohnerhöhung abgelehnt wird. Die Löhne liegen bei acht Schilling pro Tag. Im Vergleich dazu: ein Hahn kostet drei Schilling, 25 Eier kosten zwei Schilling, ein Fisch zwei Schilling. Ein Handwerker muß für den Kauf einer Hose vier Tage, für den eines Paars Schuhe einen Tag arbeiten.

Streiks als Kampfmittel sind keineswegs erst eine Erfindung der Arbeiterbewegung im 19. Jahrhundert. Der Kölner Schriftsteller Herbert Sinz berichtet in seinem Buch »2000 Jahre Kölner Handwerk« von der ältesten nachgewiesenen Arbeitsniederlegung in Köln im Jahre 1339. Sinz: »Weite Kreise zog der Buchdruckerstreik des Jahres 1471 und der Streik der Bäckergesellen (1497), die einen besseren Platz in der Fronleichnamsprozession zugewiesen bekommen wollten.«

Doch zurück zu Webermeister Heinrich Medebruwer, dem der Ärger zu Kopf steigt: »An all dem ist nur die Habgier und Machtsucht der Patrizier schuld. Es muß endlich etwas geschehen«, poltert er. Seit einiger Zeit schon planen er, sein Bruder Cono und noch andere einfluß-

Pokal, Frühsteinzeug, mit aufgelegten Masken, Köln, 13. Jhdt., Kölnisches Stadtmuseum

reiche Weber der Zunft einen Aufstand gegen die verhaßte Richerzeche, den Zusammenschluß der Reichen, die die Preise und die Politik der Stadt bestimmen. Zunehmend ebenfalls reich geworden, streben die Wollenweber nun selber nach Macht im Rat.

Meister Heinrich schickt einen Boten zu den anderen Webern und bestellt sie ins Zunfthaus. Er selbst reitet zunächst zum Waidmarkt, zu einem der dort ansässigen Waidhändler. Sie verkaufen die Waidpflanze, mit der Wolle blau gefärbt wird, bevorzugte Farbe für Kölner Tuche. Spezielle Blaufärber saßen am Blaubach, in dem die überschüssigen Farben ausgewaschen wurden.

Zehntausend Hosen geschneidert

Um die Produktionskosten zu reduzieren, ist Meister Heinrich entschlossen, in den nächsten Tagen Land vor den Toren der Stadt zu kaufen, um selbst die zum Blaufärben benützte Pflanze anzubauen. Es handelt sich um eine etwa ein Meter hohe Staude, deren Saft sich an der Luft blau färbt. Sie kommt heute nur noch selten vor, als Farbspender hat sie ausgedient.

Schon im elften Jahrhundert hat sich die Wollweberei zu einem erfolgreichen Exportgewerbe entwickelt. Kölner Tuche sind zwar nicht so fein wie flandrische, aber dafür billiger. Im 12. Jahrhundert werden sie selbst in England, Ungarn, Rußland und Italien getragen.

Gegen Ende des 14. Jahrhunderts gibt es in Köln 300 Weberwerkstätten, in denen zwischen 3000 und 6000 Leute arbeiten. Pro Jahr liegt die Produktion bei 15 000 bis 20 000 Tuchballen (je 25 Meter lang, 1,60 Meter breit).

Nicht nur die Kölner Weber, alle Textilhersteller, einschließlich der Hutmacher, fertigen, wie die Metall verarbeitenden Handwerker, begehrte Exportartikel. Zu Beginn des 14. Jahrhunderts macht der Kölner Gewandschneider Wilhelm Wavern mit jährlich 10 000 Hosen den größten Umsatz.

Im Kölner Handwerk herrscht durchaus Gleichberechtigung. Es gibt kaum einen Zweig, in dem nicht auch Frauen, in gesonderten Zünften zusammengeschlossen, arbeiten, sogar bei den Harnischmachern (Hersteller von Ritterrüstungen). Die Frauenzünfte legen allerdings nicht so strenge moralische Maßstäbe an ihre Mitglieder an.

Sie erlauben ihren Unternehmerinnen zum Beispiel die Aufnahme von unehelich geborenen Lehrlingen. Während die Patrizier die Früchte ihrer Seitensprünge meist offiziell in ihren Testamenten bedenken, zeigen sich die ehrbaren Handwerker in Moralfragen unerbittlich. Sie nehmen meist keine außereheliche geborenen Lehrlinge auf und untersagen während der Lehr- und Gesellenzeit die Eheschließung.

Der über die Lohnforderungen seiner Gesellen aufgebrachte Meister Heinrich ist inzwischen im Zunfthaus der Weber angekommen. Drinnen gehen die Wogen der Diskussion hoch. »Hast Du schon von der neuen Bestechungsaffäre gehört?«, begrüßen die Anwesenden ihn aufgeregt. »Natürlich ist es mal wieder einer der Patrizier. Der Rentkammerbeisitzer Rutger Hirzelin vom Grin hat Geld genommen. Wenn der eine bestechlich ist, ist die ganze Bande bestechlich«, schimpfen die Handwerker.

Protest vor dem Rathaus

Ein junger Weber berichtet außerdem, daß der Ratsherr Kleingedank den Rheinzoll am Bayenturm erhöhen will. Dabei, so ärgern sich die Weber, sei doch gerade erst die Tuchsteuer erhöht worden. Eine Frechheit nennen sie das, denn die Richer selbst zahlten keinen Pfennig Steuern. Bei den Kostensteigerungen werden sie demnächst auf der Frankfurter Messe nicht mehr konkurrenzfähig sein, fürchten die Weber.

Das klingt alles nicht fremd. Mit ähnlichen Argumenten protestierten die Kölner Handwerker des Jahres 1982 gegen die geplante Erhöhung der Gewerbesteuer. Die heutigen Handwerker zogen protestierend mit Lastwagen zum Rathaus, die Weber damals ziehen mit Schwertern, Spießen und Hellebarden zum Rathaus, fest entschlossen, den Rat mit Gewalt abzusetzen. Unterwegs kommen ihnen Sympathisanten entgegen und blasen den Sturm ab. Die Richerzeche hat Wind bekommen und sich rasch selbst aufgelöst. Um endlich an die Macht zu kommen, verbünden sich die Weber mit den vorher so verhaßten Patriziern und bilden mit ihnen einen neuen Rat der Reichen. Es riecht nach kölschem Klüngel. Um den Schein zu wahren, nehmen sie andere Zünfte mit auf. Die Weber maßen sich viel an. Sie bleiben nur ein Jahr an der Macht.

Die anderen Zünfte versuchen jetzt ebenfalls den Teufel mit dem Beelzebub auszutreiben. Auch sie verbünden sich mit anderen Patriziern. Am 20. November 1371 kommt es zur blutigen Schlacht zwischen Griechen- und Waidmarkt. »Die Straßen färbten sich rot vom Blut der Weber«, heißt es. Dreißig Weber fallen, 40 Familien werden aus der Stadt getrieben, ihr Vermögen konfisziert.

In den Häusern der Vertriebenen findet man zweieinhalb Tonnen Silber, ein ungeheures Vermögen im Wert von rund 10 000 Silbermark.

Auch die Familien der Weber Medebruwer werden aus der Stadt vertrieben. Doch arm sind sie, ähnlich wie die anderen Weberunternehmer, die Niederlassungen im Ausland haben, nicht. Die Brüder Medebruwer haben ja rechtzeitig Land vor den Stadttoren gekauft, um die Waidpflanze zum Färben anzubauen. Nach ein paar Jahren sind sie reicher als je zuvor.

Statt »auszusteigen« gingen damals auch Handwerker auf Pilgerschaft. Als Pilger mit Pelerine, Stab und Hut dargestellt: der Heilige Rochus auf der Innenseite des Sippenaltars des Meisters der Heiligen Sippe, Köln um 1502, Wallraf-Richartz-Museum

Messergriff mit Ritter, 13./14. Jhdt., Kunstgewerbemuseum

Reiche Bürger,
falsche Ritter

Keine Gestalt des Mittelalters ist so farbenprächtig, dramatisch, aber oft auch realitätsfremd beschrieben worden wie die Gestalt des Ritters. In Romanen erscheint er als der von Minne singende Held, der sein Leben aus Liebe zu einer unerreichbaren, meist verheirateten Frau oder aus Treue zu einem Herrn aufs Spiel setzt. Er ist der Mann, der Unrecht mit der Kraft des Schwertes (etwa mit dem damals weit bekannten Kölner Schwert) aus der Welt schafft. Doch neben dem guten Ritter gibt es den ständig in blutige Sippenkämpfe verstrickten oder gar raubenden Ritter. In Köln leben schließlich noch die falschen Ritter. Das sind reiche Bürger, die den Lebensstil der Adligen imitieren, von ihnen aber nicht anerkannt werden.

Aufsteiger, die nach Höherem streben, stoßen zu allen Zeiten an gesellschaftliche Grenzen. Mancher Neureiche, der heute versucht, in alteingesessene Bankiers- oder Industriellenkreise einzudringen, stößt auf verschlossene Türen. Er kann noch so aufwendige Partys geben, das Naserümpfen wird bleiben.

Ähnliches erleben im 12. und 13. Jahrhundert die zu großem Reichtum und Einfluß gekommenen Angehörigen der rund 40 führenden bürgerlichen Familien in Köln. Sie besitzen alles, nur das Wichtigste nicht: blaues Blut in den Adern; einen Mangel, den sie durch ritterähnlichen Lebensstil wettzumachen versuchen.

Vor allem versuchen die reichen Kaufleute mit glänzenden Turnierspielen auf dem Alter Markt und Neumarkt ihr Ansehen aufzupolieren. 1179 zum Beispiel nehmen an einem solchen Schaukampf nicht weniger als neun Fürsten, 50 Grafen, 28 Freiherren und andere geladene Prominenz teil. Und damit das Spektakel auch werbewirksam zum Stadtgespräch wird, sind die einfachen Bürger erbetene Zaungäste.

Einen Eindruck, wie solche Turnierspiele ablaufen, vermitteln Beschreibungen aus der Lebensgeschichte des reichen Kölner Kaufmanns Unmaze, die im 13. Jahrhundert geschrieben wurde.

Was damals geschah:

1378: Beginn der Kirchenspaltung. Ein Papst regiert in Rom, ein anderer in Avignon.

1396: Unblutige Machtübernahme der Kölner Handwerker und Kaufleute. Eine neue Verfassung wird im Verbundbrief formuliert. Erstmals werden einige bürgerliche Grundrechte schriftlich festgelegt.

1399: Zum ersten Mal setzen die Kurfürsten einen König, König Wenzel, als unnütz, säumig und unwürdig ab.

6. 1. 1401: Krönung von Ruprecht von der Pfalz zum deutschen König in Köln, weil der eigentliche Krönungsort Aachen noch zu König Wenzel hält.

Entwicklungen:

1396: Die schwenkbare Vorderachse für Pferdewagen ist erfunden. Im 14. Jahrhundert wird die Sanduhr erfunden. **1412** findet die erste Leichensektion statt.

Messergriff mit Ritter, 13./14. Jhdt.

Die Turnierspiele der reichen Kaufleute

Von Rittern auf reich geschmückten Pferden, mit blitzenden Panieren und Schilden über den Schultern ist da die Rede, die, begleitet von Flötenklang und Trommelwirbel, durch die begeisterte Menge zum Turnierplatz ziehen. »Näher, weiche zurück, macht Platz, zurück dort, rennt los, laßt die vielen berühmten Ritter vor die Tribüne auf den Kampfplatz ziehen«, so ruft die Menge durcheinander. »Heissa, ihr Ritter, ha,

Der Heilige Hippolytus in hochglanzpolierter Rüstung. Innenseite des Thomasaltars des Meisters des Bartholomäusaltars, Köln um 1495, Wallraf-Richartz-Museum

sieh die Frauen, Gott erhalte Euch, herrliche Frauen«, so jubeln die Menschen.

Verführerische Dekolletés

Offenbar selbst begeistert vom Geschehen, schwelgt der Chronist weiter: »Von dort kam eine Gruppe, von hier eine zweite, von da eine dritte. Eine edle Schar Ritter sprengte heran und wieder wurden auf beiden Seiten die Pferde nicht geschont. Sie rannten auf dem weiten Turnierplatz gegeneinander los, um sich aus dem Sattel zu stoßen. Die hellen Paniere rauschten im Wind und die Schellen der Rüstungen erklangen laut auf dem Kampfplatz.«

Das Volk genießt solche Schauspiele, diese Mischung aus Zirkus und Gala. Zum Bestaunen gibt es ja genug, denn die weltliche und kirchliche Prominenz sitzt kostbar gekleidet auf der Ehrentribüne. Auch Klatsch und Tratsch machen die Runde.

Die schönen Frauen der Reichen wandeln in üppigen, pelzbesetzten Gewändern einher (Modeentwicklungen, beeinflußt von Frankreich, Italien und dem Orient, zeigen sich erst vom 14. Jahrhundert an), die blond oder schwarz gefärbten Haare tragen sie unter Spitzhauben oder sonstigen gestärkten Kappen versteckt, die Gewänder lassen verführerische Dekolletés frei.

Zum Programm der Spiele gehören noch Tanz, Vortrag von Minneliedern, Geschenkverteilung an das fahrende Volk und Umtrunke. In einer Untersuchung über das bürgerliche Rittertum in Köln schreibt der Historiker Heiko Steuer: »Im Lebensstandard, im Besitz wohl eingerichteter Häuser, an kostbarer Kleidung, an prunkvollem Geschirr und Waffen waren sie dem Adel schon weit voraus.«

Und nach dem Vorbild des Landadels kaufen sich die bürgerlichen Ritter auch bald Güter als Zweitwohnungen vor den Toren der Stadt. Beispiele dafür sind heute der Statthalterhof in Junkersdorf oder der Zündorfer Wehrturm.

Mögen die kölschen Ritter des Mittelalters auch nicht von Adel sein, so heben sie sich doch entscheidend von den übrigen Bürgern ab, die sich als Bewaffnung nur den Spieß leisten können und zeitlebens »Spießbürger« bleiben. Weltgewandtheit kann man diesen in der Welt herumsegelnden Kaufherren schon lange nicht mehr absprechen. Exotische Importware, wie etwa die unerhört teuren, mit Email bemalten syrischen Gläser, schmücken zuerst die Tafeln der Patrizier, bevor diese die Gläser an Ritter weiter verkaufen. Nicht selten müssen sich jene Ritter dafür auch noch das Geld bei ihnen ausleihen.

Der Kaufherr Unmaze erreicht sein Ziel, vom Erzbischof zum Ritter geschlagen zu werden, schließlich nicht. Diese Ehre wird erst einem seiner Enkel zuteil, der 1225 als erster Kölner Bürger zum »richtigen« Ritter geschlagen wird. Anderen Patrizierfamilien, etwa der Familie Overstolz, gelingt dieser Aufstieg erst um 1300, obwohl sie schon lange vorher ein Leben nach Ritteridealen führen. Zwei Söhne der Overstolzen opfern sogar ganz im Sinne ritterlicher Ideale ihr Leben im Kampf um die Freiheit der Bürger Kölns. Einer fällt bei der Schlacht an der Ulrepforte 1268, ein anderer 1288 bei der letzten großen Ritterschlacht bei Worringen auf der Fühlinger Heide. Damals gewinnen die Bürger endlich den Kampf gegen den Stadtherrn und Erzbischof.

In den Rittersälen fließt der Wein

Die nach Ritterehren strebenden Kölner Kaufleute suchen nicht selten Kontakt und Freundschaft zu den echten Rittern, die auf ihren oft ungemütlich erscheinenden Burgen im Kölner Umland wohnen. Wenn es auch schon Söldnerheere gab, so müssen sie doch im Gegensatz zu

Was damals geschah:

1513: Die Stadtverfassung, der Verbundbrief von 1396, erhält nach einem Aufruhr in Köln eine Ergänzung im sogenannten »Transfixbrief«. Es ist der Versuch, gegen den Klüngel des Rates vorzugehen. Diese Verfassung gilt bis 1794 und schreibt damit die zünftige Organisation über 300 Jahre fest.

Dadurch war keine Entwicklung mehr möglich. Alle soziologischen Strukturen in der Stadt (die politische Organisation in Gaffel und Rat, die wirtschaftliche Organisation in Zünften und Stapelrecht und die geistige Organisation in Universität und Schulen), die am Anfang von fortschrittlichem Geist beseelt waren, blieben mehrere Jahrhunderte lang unverändert.

10.11.1524: Die Kölner Mark wird zum Reichsmünzgewicht erhoben. Seit dem 11. Jahrhundert sind etwa 233 Gramm Silber eine »Mark«.

Die Prägung der Münzen des deutschen Reiches richtet sich nach alten Kölner Verhältnissen und spiegelt ein letztes Mal die einst hohe wirtschaftliche Bedeutung der Stadt.

1794: Für Köln endet das Mittelalter mit der Besetzung der Stadt durch die französischen Revolutionstruppen.

Erst die Franzosen erlauben den Juden und Protestanten, damals Träger des wirtschaftlichen Fortschritts, sich in Köln wieder niederzulassen.

Oft von ihren Männern alleingelassen: die »Burgfräulein«

ihren neuen »Stadtfreunden«, die keine militärischen Verpflichtungen haben, damit rechnen, im Auftrag eines Dienstherren in den Kampf zu ziehen.

Oft allein gelassen von ihren kämpfenden Männern, scheint das Leben der »heren Frauwen« auf den Ritterburgen nicht immer ein Vergnügen zu sein. Dunkle Kammern sind vollgepfropft mit Waffen, Pech und Schwefel. An den steinernen Wänden hängen Teppiche. Hölzerne Läden oder Pergamentpapier vor den Fensteröffnungen schützen notdürftig vor Durchzug. Nur kleinere Kemenaten haben Fenster mit Glasscheiben. Glas ist teuer.

Oft verfügen die »Burgfräulein« über mehr Bildung als ihre Männer. Sie können lesen, schreiben, beherrschen Latein und Französisch. Doch so selbständig oder gar berufstätig wie die meisten Städterinnen sind sie nicht. Dafür erfreuen sie sich vielleicht größerer Kurzweil.

Jagdausflüge, Spiele, Badevergnügungen und fröhliche Gelage in den Festsälen der Burgen gehören zur Freizeitgestaltung der Ritter. Wein und Bier fließen in Strömen. Den feineren Lebensstil lernen viele Ritter allerdings erst später auf ihren Kriegszügen durch die Begegnung mit den Schönen im Orient kennen. So mancher bringt zum Entsetzen der Familie eine exotische Geliebte als Kriegsbeute mit nach Hause.

Teures Burgleben

Von Beruf sind die Ritter Landbesitzer, die Grund und Boden an Bauern der Umgebung verpachten. Da die Bauern die Pacht bald nicht mehr mit Naturalien, sondern mit Geld bezahlen, müssen die Ritter mit der Zeit manches, was sie nicht selbst anbauen, wie die Städter täglich frisch kaufen. Das Burgleben wird immer teurer, zumal den Rittern ihr Kriegshandwerk auch nicht mehr viel einbringt.

Preiswerte Söldnerheere kommen auf. Die Ritter werden arbeitslos. Und da es noch keine Umschulungsprogramme wie heute gibt, nimmt mancher Edelmann Zuflucht zum Raubrittertum – keine feine Art, Lohneinbußen aufzufangen.

Literaturhinweise

ASEN, JOHANNES: Das Leprosenhaus Melaten bei Köln. Bonn 1908

BORST, ARNO: Lebensformen im Mittelalter. Frankfurt a. M./Berlin 1973

ENNEN, EDITH: Frauen im Mittelalter. München 1984

IRSIGLER, FRANZ u. ARNOLD LASSOTTA: Bettler und Gaukler, Dirnen und Henker. Randgruppen und Außenseiter in Köln 1300–1600. Köln 1984

KEUSSEN, HERMANN: Topographie der Stadt Köln im Mittelalter. Bonn 1910

LASSOTTA, ARNOLD: Formen der Armut im späten Mittelalter und zu Beginn der Neuzeit. Untersuchungen vornehmlich an Kölner Quellen des 14. bis 17. Jhdts. Diss. Freiburg 1984

LIEBREICH, AENNE: Kostümgeschichtliche Studien zur Kölnischen Malerei des 14. Jahrhunderts, in: Jahrbuch für Kunstwissenschaft 1928 S. 65–156

OEDIGER, FRIEDRICH WILHELM: Das Bistum Köln von den Anfängen bis zum Ende des 12. Jahrhunderts. Köln ²1972

PETRI, FRANZ u. GEORG DROEGE (HRSG.): Rheinische Geschichte. Düsseldorf 1976 ff.

SCHÄFKE, WERNER: Albertus Magnus. Köln 1980

SCHÄFKE, WERNER: Kölns romanische Kirchen. Köln 1984

STELZMANN, ARNOLD u. ROBERT FROHN: Illustrierte Geschichte der Stadt Köln. Köln ¹⁰1984

STEUER, HEIKO: Die Franken in Köln. Köln 1980

STEUER, HEIKO: Das Wappen der Stadt Köln. Köln 1981

STEUER, HEIKO: Zur Erforschung des Alltagslebens im mittelalterlichen Köln, in: Hiltrud Kier u. Ulrich Krings (Hrsg.): Köln: Die romanischen Kirchen. Bd. 1 Köln 1984 S. 79–109

DAS BUCH WEINSBERG. Kölner Denkwürdigkeiten aus dem 16. Jahrhundert. Bd. 1 u. 2. Bearb. v. Konstantin Höhlbaum, Leipzig 1886 und 1887, Bd. 3 u. 4 bearb. v. Friedrich Lau, Bonn 1897 und 1898, Bd. 5 Kulturhistorische Ergänzungen, bearb. v. Josef Stein, Bonn 1926. Publikationen der Gesellschaft für Rheinische Geschichtskunde Bd. XVI, 1–5

DAS BUCH WEINSBERG. Aus dem Leben eines Kölner Ratsherrn. Im Auftrag der Stadt Köln hrsg. v. Johann Jakob Häßlin. München ³1980

WOIKOWSKI-BIEDAU, V. VON: Das Armenwesen des mittelalterlichen Köln in seiner Beziehung zur wirtschaftlichen und politischen Geschichte der Stadt. Breslau 1891

Kataloge:

Vom Recht im Rheinland. Köln 1969

Spiegel des täglichen Lebens. Archäologische Funde des Mittelalters aus Köln. Köln 1982

Die Heiligen Drei Könige – Darstellung und Verehrung. Köln 1982

Juden in Köln von der Römerzeit bis ins 20. Jahrhundert. Köln 1984

Kölnisches Stadtmuseum, Auswahlkatalog. Köln 1984

Ornamenta Ecclesiae. Kunst und Künstler der Romanik in Köln. Köln 1985